CB080421

MAIS DE
110 MILHÕES
de cópias vendidas *

QUEM PENSA ENRIQUECE!

GUIA DE ESTUDO E PLANO DE AÇÃO

Título original: *Think and Grow Rich Action Guide*

Copyright © 2017 by Napoleon Hill / Fundação Napoleon Hill

Quem pensa enriquece – Guia de estudo e plano de ação
1ª edição: Agosto 2022

Direitos reservados desta edição: CDG Edições e Publicações

O conteúdo desta obra é de total responsabilidade do autor
e não reflete necessariamente a opinião da editora.

Autores:
Napoleon Hill
Fundação Napoleon Hill

Tradução:
Caio Pereira

Preparação de texto:
3GB Consulting

Revisão:
Daniela Georgeto

Projeto gráfico e capa:
Jéssica Wendy

DADOS INTERNACIONAIS DE CATALOGAÇÃO NA PUBLICAÇÃO (CIP)

Hill, Napoleon, 1883-1970
Quem pensa enriquece : guia de estudo e plano de ação / Napoleon Hill; Fundação Napoleon Hill. — Porto Alegre : Citadel, 2022.
176 p.

ISBN 978-65-5047-161-3
Título original: Think and Grow Rich Action Guide

1. Sucesso 2. Enriquecimento 3. Desenvolvimento pessoal
I. Título II. Fundação Napoleon Hill

22-3939 CDD - 158.1

Angélica Ilacqua - Bibliotecária - CRB-8/7057

Produção editorial e distribuição:

CITADEL Grupo Editorial

contato@citadel.com.br
www.citadeleditora.com.br

QUEM PENSA ENRIQUECE!

MAIS DE 110 MILHÕES de cópias vendidas *

GUIA DE ESTUDO E PLANO DE AÇÃO

Publicação oficial e original autorizada pela
FUNDAÇÃO NAPOLEON HILL

Tradução:
Caio Pereira

CITADEL
Grupo Editorial
2022

SUMÁRIO

Introdução

PENSAMENTOS SÃO COISAS

"Nunca houve algo que não procedesse de um pensamento."

– Ralph Waldo Emerson

Este livro de atividades foi pensado para estimular a sua mente e os seus sonhos e o seu desejo de realizar, de ir além de onde você está agora em recursos financeiros, relacionamentos significativos e aspirações de carreira. Baseado em treze princípios, ou passos, comprovados e práticos, você terá as ferramentas e o encorajamento para avançar na vida – o céu é o limite. E tudo começa com como você pensa.

Realmente, "pensamentos são coisas", e coisas poderosas, quando são misturados a definição de propósito, persistência e um *desejo ardente* para que sejam traduzidos em riquezas ou outros objetos materiais.

Existe uma história real de Edwin C. Barnes que vale a pena apresentar a vocês logo de cara. Ele é um exemplo excelente de alguém que permitiu que seus pensamentos o motivassem a buscar seu objetivo e depois aproveitou as abundantes recompensas financeiras e pessoais de seus esforços.

Edwin C. Barnes descobriu a verdade de que as pessoas podem realmente pensar e enriquecer. Ele não descobriu isso da noite para o dia. Foi vindo para ele aos poucos, começando com um desejo ardente de trabalhar com o grande inventor Thomas Edison. Era um desejo definido. Barnes queria trabalhar *com* Edison, não *para* ele.

Ele se apresentou no laboratório do Sr. Edison e anunciou que tinha vindo fazer negócios com o inventor. Não pode ter sido a aparência do jovem o que lhe rendeu seu início no laboratório de Edison, pois ela definitivamente não o favorecia. Foi o que ele *pensava* que contou.

Passaram-se meses, e aparentemente nada de substancioso estava acontecendo no sentido da realização do objetivo dele. Mas algo importante *estava* acontecendo na mente de Barnes. Ele estava constantemente intensificando o desejo de se tornar parceiro de negócios de Edison. Os psicólogos já afirmaram, corretamente, que, quando você está realmente pronto para algo, isso surge. Barnes estava pronto para se tornar sócio de Edison; mais ainda, *ele estava determinado a permanecer pronto até que conseguisse o que queria.*

Algum tempo depois, essa aliança profissional tornou-se realidade e continuou em operação por mais de trinta anos. Com ela, Barnes ganhou muito dinheiro e ficou rico, mas ele fez algo infinitamente maior, ele provou que *Quem pensa enriquece*.

Quanto dinheiro, de fato, esse *desejo* original de Barnes lhe rendeu, não há como sabermos. Talvez lhe tenha trazido dois ou três milhões; mas a quantia, qualquer que fosse, é insignificante se comparada com aquilo que ele adquiriu na forma do conhecimento definido de que um impulso intangível de pensamento pode ser transmutado em sua contrapartida física pela aplicação de princípios conhecidos.

Uma boa ideia é tudo de que você precisa para alcançar o sucesso. Os princípios descritos neste livro contêm o melhor e o mais prático de tudo que é conhecido acerca de maneiras e modos de criar ideias úteis.

Antes de avançarmos na nossa abordagem da descrição desses princípios, você merece receber esta importante sugestão: *quando as riquezas começam a vir, elas vêm tão rapidamente, em tamanha abundância, que talvez você se pergunte onde elas estiveram escondidas durante todos esses anos de escassez.* Essa é uma afirmação impressionante, e mais ainda quando levamos em consideração a crença popular de que a riqueza só vem para aqueles que trabalham arduamente e por muito tempo.

As riquezas começam com um estado de espírito

Quando começar a *pensar para enriquecer*, você observará que as riquezas começam com um estado de espírito e a definição de um propósito. Você deve estar interessado em saber como adquirir o estado de espírito que atrairá riquezas. Passei 25 anos pesquisando, analisando mais de 25 mil pessoas, porque eu também queria saber como as pessoas ricas alcançaram esse patamar.

Observe com atenção que, assim que você dominar os princípios dessa filosofia e começar a seguir as instruções para aplicar esses princípios, seu *status* financeiro começará a melhorar, e tudo que você tocar começará a transmutar-se em algo que será do seu benefício. Impossível? De jeito nenhum.

Uma das maiores fraquezas da humanidade é a familiaridade da pessoa mediana com a palavra "impossível". Já conhecemos todas as regras que não funcionarão. Conhecemos todas as coisas que não podem ser feitas. Este livro foi escrito para aqueles que buscam as regras que fizeram as pessoas serem bem-sucedidas e que estão dispostos a apostar tudo nessas regras.

O sucesso vem para aqueles que se tornam *conscientes do sucesso*. O fracasso vem para aqueles que, na indiferença, se permitem tornar-se *conscientes do fracasso*. O objetivo deste livro é ajudar a todos que buscam aprender a arte de mudar sua mente da *consciência do fracasso* para a *consciência do sucesso*.

O sucesso vem para aqueles que se tornam *conscientes do sucesso*

Outra fraqueza vista em muitas pessoas é o hábito de medir tudo e todos com impressões e crenças próprias. Algumas pessoas que lerem este livro acreditarão que ninguém pode pensar e enriquecer. Elas não conseguem pensar em termos de riquezas, porque seu hábito de pensar foi sempre impregnado de pobreza, falta, miséria, fracasso e derrota.

Quando William Ernest Henley escreveu esta frase profética: "Eu sou o mestre do meu destino, o capitão da minha alma", ele informou a todos nós que somos os mestres dos nossos destinos e os capitães das nossas almas – *porque temos o poder de controlar os nossos pensamentos.*

No éter em que flutua este pequeno planeta, no qual nos movemos e existimos, há uma forma de energia que se move numa frequência de vibração inconcebivelmente alta, e esse éter é preenchido por uma forma de poder universal que se *adapta* à natureza dos pensamentos que mantemos na mente; e nos *influencia*, de maneiras naturais, a transmutar os nossos pensamentos em seu equivalente físico. Esse poder não faz tentativa de discriminar entre pensamentos destrutivos e pensamentos construtivos, e vai nos urgir a traduzir em realidade física pensamentos de pobreza tão rapidamente quanto os pensamentos de riqueza.

Nosso cérebro fica magnetizado com os pensamentos dominantes que mantemos na mente; e, por meios dos quais ninguém tem conhecimento, esses "magnetos" nos atraem para as forças, as pessoas e as circunstâncias da vida que se harmonizam com a natureza dos nossos pensamentos dominantes.

Antes que possamos juntar riqueza em grande abundância, devemos magnetizar a nossa mente com um *desejo* intenso por riqueza, e devemos nos tornar "conscientes do dinheiro" até que o *desejo* de dinheiro nos direcione a criar planos definidos para adquiri-lo.

Quando Edwin C. Barnes desceu do trem de carga em Orange, New Jersey, ele podia até parecer um vagabundo, mas seus pensamentos eram os de um rei! Enquanto ele seguia pelos trilhos da ferrovia até o escritório de Thomas A. Edison, sua mente estava trabalhando. Ele se viu diante de Edison. Ouviu-se pedindo ao Sr. Edison que lhe desse a chance de realizar a obsessão de vida que lhe consumia, o desejo ardente de se tornar sócio do grande inventor.

Com o desejo definido, seu sonho dominante na vida se tornará realidade

O desejo de Barnes não era uma esperança! Não era um anseio! Era um *desejo* franco e pulsante que transcendia tudo mais. Era *definido*.

O desejo não era novo quando ele foi falar com Edison. Já era o desejo dominante de Barnes havia muito tempo. No começo, quando o desejo apareceu na mente dele, devia ser, provavelmente era, apenas um querer, mas não era um querer banal quando apareceu diante de Edison com ele.

Alguns anos depois, Edwin C. Barnes estava diante de Edison mais uma vez, no mesmo escritório em que encontrara o inventor pela primeira vez. Nessa época, o desejo já tinha sido traduzido para a realidade. Ele estava trabalhando com Edison. *O desejo dominante de sua vida tinha se tornado realidade.* As pessoas que conheciam Barnes o invejavam, por causa da chance que a vida lhe concedera. Elas o viam nesses dias de triunfo, e não se davam ao trabalho de investigar a causa do sucesso dele.

Barnes teve sucesso porque escolheu uma meta definida, colocou toda a sua energia, toda a sua força de vontade, todo o seu esforço, tudo nessa meta. Ele não se tornou parceiro de Edison no dia em que chegou. Ele se contentou em começar no trabalho mais inferior, contanto que isso lhe desse a oportunidade de dar nem que fosse um passo em direção à sua meta adorada.

Esse é um exemplo notável do poder de um *desejo definido*. Barnes alcançou sua meta porque queria ser sócio do Sr. Edison mais do que queria qualquer outra coisa. Ele criou um plano para alcançar esse propósito. Ele abandonou todos os outros caminhos que ficaram para trás. Ele defendeu esse *desejo* até que ele se tornou a obsessão dominante na vida dele – e, finalmente, um fato.

PONTOS IMPORTANTES

- Todas as coisas começam com um pensamento – positivo ou negativo.
- A riqueza começa com um estado de espírito e um propósito definido.
- Aprender a controlar seus pensamentos é ainda mais valioso do que o dinheiro que isso lhe trará.
- Os pensamentos destrutivos serão traduzidos para a realidade tão certamente quanto os positivos. É importante escolher os seus pensamentos com cuidado.

TOME UMA ATITUDE

1. Você permite que todo e qualquer pensamento ocupe a sua mente? Que passos você pode dar para tomar o controle dos pensamentos que fluem pela sua mente?

2. Quão apaixonado é o seu desejo de "pensar e enriquecer"? Como você pode gerar mais desejo pelas coisas que você quer?

3. Você tem um desejo ardente que nunca disse em voz alta? Existe um desejo que é tão grande que você tem medo até de pensar seriamente nele? Escreva esse desejo no papel e diga em voz alta. Qual será o primeiro passo que você dará para tornar esse desejo realidade?

Capítulo 1

DESEJO: O PONTO INICIAL DE TODAS AS REALIZAÇÕES

"Um homem criativo é motivado pelo desejo de realizar, não pelo desejo de ganhar dos outros."

– Ayn Rand

O primeiro passo rumo à riqueza

Muito tempo atrás, um grande guerreiro enfrentou uma situação que tornou necessário para ele tomar uma decisão que garantiu seu sucesso no campo de batalha. Ele estava prestes a mandar seus exércitos contra um inimigo poderoso, cujo contingente era maior que o dele. Colocou seus soldados em barcos, navegou até o país do inimigo, descarregou soldados e equipamento e deu a ordem de queimar os navios que os tinham transportado.

Dirigindo-se aos seus homens antes da primeira batalha, ele disse: "Vocês estão vendo os barcos em chamas. Isso significa que não podemos deixar estas margens vivos a não ser que vençamos! Agora não temos escolha: é vencer ou perecer!". Eles venceram.

Toda pessoa que vence em qualquer empreitada deve estar disposta a queimar seus navios e acabar com todas as maneiras de recuar. Somente fazendo isso podemos ter certeza de manter o estado de espírito conhecido como o *desejo ardente de vencer*, essencial para o sucesso.

Só querer não traz riqueza

Todo ser humano que alcança a idade da compreensão do propósito do dinheiro quer tê-lo. Querer não trará riqueza. Mas desejar a riqueza com um estado de espírito que se torna uma obsessão, depois planejar maneiras e meios definidos para adquirir a riqueza e amparar esses planos com persistência que não reconhece fracasso trará a riqueza.

Aqueles que se tornam "conscientes do dinheiro" juntam grandes riquezas. "Consciência do dinheiro" significa que a mente ficou tão amplamente saturada pelo *desejo* do dinheiro que a pessoa pode se ver já em posse dele.

Os passos não demandam "trabalho árduo". Demandam pouco ou nenhum sacrifício. Não requerem que você se torne uma pessoa ridícula ou incrédula. Aplicá-los não demanda um alto nível de instrução. Mas a aplicação bem-sucedida desses seis passos demanda imaginação suficiente para capacitá-lo a enxergar e entender que juntar dinheiro não pode ser relegado ao acaso, à boa sorte, à chance. Você precisa entender que todos que juntaram grandes fortunas primeiro executaram certa quantia de *sonhar, esperar, querer, desejar e planejar*, para somente então adquirir dinheiro.

Se você não enxergar grandes riquezas na sua imaginação, nunca as verá no seu saldo bancário

A tolerância e uma mente aberta são necessidades práticas do sonhador de hoje. Quem tem medo de novas ideias está acabado antes mesmo de começar. Nunca houve momento mais favorável para os pioneiros do que o presente. É verdade que não existe mais um Velho Oeste a ser conquistado, mas há amplos mundos de negócios, finanças, indústria e ciberespaço a serem explorados, remoldados e redirecionados para linhas novas e melhores.

Acorde, levante e se afirme, sonhador do mundo. Seu começo está ascendendo agora mesmo. A crise econômica mundial trouxe a oportunidade pela qual você estava esperando. Ela ensinou às pessoas humildade, tolerância, e a ter a mente aberta.

O mundo está cheio de uma abundância de oportunidades que os sonhadores do passado nunca tiveram.

Nós, que estamos nesta corrida atrás de riquezas, deveríamos ser encorajados a saber que este mundo mudado no qual vivemos está requisitando novas ideias, novas maneiras de fazer as coisas, novos líderes, novas invenções, novos métodos de ensinar, novas técnicas de marketing, novos livros, nova literatura, novas atrações para o rádio, novas ideias para filmes. Por trás de toda essa demanda de coisas novas e melhores, há três qualidades que você deve ter para vencer: 1) definição de propósito; 2) saber o que você quer; e 3) um *desejo* ardente de ter isso.

A recessão marcou a morte de uma era e o nascimento de outra. Esse mundo mudado requer sonhadores práticos que possam e vão colocar seus sonhos em ação. Os sonhadores práticos sempre foram e sempre serão os criadores de padrões para a civilização.

Um desejo ardente de ser e fazer é o ponto inicial a partir do qual o sonhador precisa decolar. Os sonhos não nascem da indiferença, da preguiça e da falta de ambição.

Como você pode aproveitar e usar o poder do desejo? Essa pergunta será respondida neste e nos capítulos subsequentes deste livro. Esta mensagem sairá para o mundo durante tempos tumultuosos em todo o planeta. É razoável presumir que a mensagem talvez chame a atenção de muitos que foram feridos pelo caos econômico, aqueles que perderam sua fortuna, outros que perderam um cargo e muitas pessoas que precisam reorganizar seus planos e retornar à cena. A todos esses eu gostaria de transmitir a ideia de que todas as realizações, qualquer que seja a sua natureza, ou seu propósito, devem começar com um intenso e ardente desejo por algo definido.

Toda realização começa com um intenso e ardente desejo por algo definido

Por meio de algum princípio estranho e poderoso de "química mental" jamais divulgado, a natureza envolve no impulso do desejo intenso "aquela certa coisa" que não reconhece a palavra "impossível" e não aceita a realidade do fracasso.

Existe uma diferença entre *querer* uma coisa e estar *pronto* para recebê-la. Ninguém está pronto para alguma coisa enquanto não acreditar que pode adquiri-la. O estado de espírito deve ser a *crença*, não mera esperança ou querer. Ter a mente aberta é essencial para a crença. Mentes fechadas não inspiram fé, coragem e crença.

Lembre-se de que não é preciso esforçar-se mais para mirar alto na vida, para demandar abundância e prosperidade, do que o necessário para aceitar a miséria e a pobreza.

PONTOS IMPORTANTES

- O sucesso começa com estabelecer uma meta definida.
- Escreva uma afirmação clara e concisa do seu propósito maior definido, seja específico. (Se for dinheiro, escreva a quantia exata que você quer adquirir e estabeleça uma data exata para quando quer adquiri-la.)
- Leia a sua afirmação em voz alta duas vezes ao dia.
- Se você não enxergar grandes riquezas na sua imaginação, jamais as verá no seu saldo bancário.
- Nunca, na história dos Estados Unidos, houve tamanha oportunidade para os sonhadores práticos como existe agora.
- O mundo em que vivemos está requisitando novas ideias, novas invenções e novas maneiras de fazer as coisas. Isso significa oportunidade. Para capitalizar nessas oportunidades que estão emergindo, você precisa ter definição de propósito, saber o que quer e ter um desejo ardente de possuir isso.
- Um desejo ardente de ser e fazer é o ponto inicial a partir do qual o sonhador deve decolar.

TOME UMA ATITUDE

O método pelo qual o *desejo* de riqueza pode ser transmutado em seu equivalente financeiro consiste em seis passos definidos e práticos:

1. Fixe na sua mente a quantia exata de dinheiro que você deseja. Não basta apenas dizer "eu quero muito dinheiro". Tenha definição com relação à quantia. (Existe uma razão psicológica para a definição, que será explicada em um capítulo subsequente.)

2. Determine exatamente o que você pretende dar em retorno pelo dinheiro que deseja. (Não existe essa realidade de receber algo sem dar nada em troca.)

3. Estabeleça uma data definida na qual você pretende ter o dinheiro que deseja.

4. Crie um plano definido para realizar o seu desejo, e comece agora mesmo, esteja você pronto ou não, a colocar esse plano em ação.

5. Escreva uma afirmação clara e concisa da quantia de dinheiro que você pretende adquirir, estipule o tempo-limite para essa aquisição, afirme o que você pretende dar em retorno pelo dinheiro e descreva claramente o plano por meio do qual você pretende juntar esse valor.

6. Leia a sua afirmação em voz alta, duas vezes ao dia, uma vez antes de se recolher, à noite, e outra assim que acordar, pela manhã. *Enquanto estiver lendo, veja e sinta, acredite que você já está em posse do dinheiro.*

É importante que você siga as instruções descritas nesses seis passos. É particularmente importante que observe e siga as instruções do sexto parágrafo. Talvez você reclame que é impossível "se ver em posse do dinheiro" antes de realmente tê-lo, mas é aqui que um *desejo ardente* virá ajudá-lo. Se você realmente *desejar* o dinheiro com tanta intensidade que o seu desejo se torne uma obsessão, não terá dificuldade de se convencer de que vai adquiri-lo. O objetivo é querer dinheiro e tornar-se tão determinado a tê-lo que você se *convence* de que o terá.

Capítulo 2

FÉ: O SEGUNDO PASSO RUMO À RIQUEZA

"Dê o primeiro passo para a fé. Você não precisa enxergar a escada inteira, apenas dê o primeiro passo."

– Martin Luther King Jr.

Fé: a visualização e a crença na obtenção do desejo

A fé é um estado de espírito que pode ser induzido, ou criado, por afirmação ou instruções repetidas para a mente subconsciente por meio do princípio da autossugestão.

Como exemplo, considere o propósito para o qual você está, presumivelmente, lendo este livro. O objetivo é, naturalmente, adquirir a habilidade de transmutar o intangível impulso de pensamento do desejo para seu contraponto físico, o dinheiro. Seguindo as instruções listadas nos capítulos sobre autossugestão e mente subconsciente, resumidos no capítulo sobre a autossugestão, você poderá *convencer* a mente subconsciente de que você acredita que receberá aquilo que pediu, e ela agirá nessa crença, que ela lhe repassa na forma de "fé", seguida pelos planos definidos para alcançar o que você deseja.

O método pelo qual você desenvolve *fé* onde ela já não existe é extremamente difícil de descrever, quase tão difícil, na verdade, quanto seria descrever a cor vermelha para um cego que nunca viu cores e não tem nada com que comparar o que você está descrevendo para ele. A fé é um estado de espírito que você pode desenvolver quando tiver dominado os treze princípios, ou passos, discutidos ao longo deste livro. A fé é um estado de espírito que se desenvolve voluntariamente pela aplicação e uso desses princípios.

A repetição da afirmação de ordens para a sua mente subconsciente é o único método conhecido de desenvolver voluntariamente a emoção da fé.

O significado da fé pode ser esclarecido pela seguinte explicação de como as pessoas às vezes se tornam criminosas. Conforme as palavras de um famoso criminologista, "Quando o homem entra em contato com o crime pela primeira vez, ele o abomina. Se ele permanece em contato com o crime por um tempo, ele acaba acostumado com ele, e o suporta. Se permanece em contato por mais tempo ainda, ele finalmente o abraça e acaba sendo influenciado por ele".

Isso equivale a dizer que qualquer impulso de pensamento que é repetidamente passado para a mente subconsciente é, finalmente, aceito, e nele atua a mente subconsciente, o que, por consequência, traduz esse impulso para o seu equivalente físico, pelo procedimento mais prático que estiver disponível.

Em conexão com isso, considere esta afirmação: *Todos os pensamentos que foram emocionalizados (que receberam sentimento) e misturados à fé começam imediatamente a traduzir-se para o seu equivalente ou sua contraparte física.*

As emoções, ou a porção de "sentimento" dos pensamentos, são os fatores que dão aos pensamentos vitalidade, vida e ação. As emoções de fé, amor e sexo, quando misturadas com qualquer impulso de pensamento, dão-lhe maior ação do que qualquer dessas emoções pode dar sozinha.

Pensamentos emocionalizados misturados com a fé imediatamente se traduzem para o físico

Não somente os impulsos de pensamento que foram misturados à fé, mas também aqueles misturados a quaisquer emoções positivas ou negativas, podem alcançar e influenciar a mente subconsciente.

A partir dessa afirmação, você entenderá que a mente subconsciente traduzirá para o seu equivalente físico um impulso de pensamento de natureza negativa ou destrutiva tão prontamente quanto agirá sobre impulsos de pensamento de natureza positiva ou construtiva. Isso é responsável pelo estranho fenômeno que tantos milhões de pessoas vivenciam conhecido como "infortúnio" ou "falta de sorte".

Há milhões de pessoas que se *acreditam* "fadadas" à pobreza e à fraqueza por causa de uma força estranha sobre a qual *acreditam* que não têm controle. Elas são as criadoras dos próprios "infortúnios" por causa dessa *crença* negativa que é captada pela mente subconsciente e traduzida para seu equivalente físico.

Ao longo das eras, os religiosos aconselharam a humanidade, em suas dificuldades, a "ter fé" nisso, naquilo e noutro dogma ou credo, mas acabaram não contando às pessoas *como* ter fé. Eles não afirmaram que "a fé é um estado de espírito, e que ela pode ser induzida pela autossugestão".

A fé é um estado de espírito induzido pela autossugestão

Lembre-se sempre de ter fé em si mesmo; fé no Infinito. E:

- A fé é o "eterno elixir" que dá vida, poder e ação ao impulso do pensamento!
- Vale a pena ler a frase do item anterior uma segunda vez, e uma terceira, e uma quarta. Vale a pena ler em voz alta!
- A fé é o ponto inicial de todo acúmulo de riquezas!
- A fé é a base de todos os "milagres" e todos os mistérios que não podem ser analisados pelas regras da ciência!
- A fé é o único antídoto conhecido para o fracasso!
- A fé é o elemento, a substância química que, quando misturada à oração, lhe dá comunicação direta com a Inteligência Infinita.
- A fé é o elemento que transforma a vibração comum do pensamento, criado pela mente finita dos humanos, em seu equivalente espiritual.
- A fé é o único agente por meio do qual a força cósmica da Inteligência Infinita pode ser aproveitada e usada por você.

PONTOS IMPORTANTES

- A fé é um estado de espírito que pode ser induzido, ou criado, por afirmação ou instruções repetidas para a mente subconsciente.
- Todos os pensamentos emocionalizados e misturados com a fé começam imediatamente a ser traduzidos em seu equivalente ou contraparte física.
- Sua crença, ou fé, é o elemento que determina a ação da sua mente subconsciente.
- Há milhões de pessoas que se *acreditam* "fadadas" à pobreza e ao fracasso por causa de uma estranha força sobre a qual elas *acreditam* que não têm controle. Elas são as criadoras do próprio infortúnio.
- A fé é o ponto inicial de todo acúmulo de riquezas.
- A fé dá vida, poder e ação ao impulso do pensamento.
- A mente subconsciente traduz em realidade um pensamento motivado pelo medo – tão prontamente quanto traduzirá em realidade um pensamento motivado pela fé.

TOME UMA ATITUDE

O que segue é uma Fórmula de Autoconfiança. Há cinco afirmações que é importante absorver na sua mente e aplicar no seu dia a dia. Encontre um local quieto, privado, e escreva cada componente da fórmula, depois fale cada um em voz alta – com confiança.

1. Eu sei que tenho a habilidade de alcançar o objetivo do meu propósito definido na vida, portanto, *demando* de mim ação persistente e contínua em direção à obtenção desse objetivo, e aqui e agora prometo executar essa ação.

2. Eu entendo que os pensamentos dominantes da minha mente acabarão se reproduzindo em ação exterior e física e gradualmente se transformarão em realidade física; portanto, concentrarei meus pensamentos por trinta minutos diariamente na tarefa de pensar na pessoa que pretendo me tornar, criando na minha mente, desse modo, uma imagem mental clara dessa pessoa.

3. Eu sei que, por meio do princípio da autossugestão, qualquer desejo que eu mantiver com persistência na minha mente acabará buscando expressão por algum meio prático de obter o objeto que o apoia; portanto, devotarei dez minutos diariamente para requisitar de mim o desenvolvimento da autoconfiança.

4. Eu escrevi uma descrição clara da minha meta principal definida de vida e nunca vou parar de tentar até que tenha desenvolvido autoconfiança suficiente para a sua obtenção.

5. Eu entendo totalmente que nenhuma riqueza ou posição pode durar muito tempo se não for construída sobre verdade e justiça; portanto, não me engajarei em nenhuma transação que não beneficie a todos que ela afetar. Terei sucesso atraindo para mim as forças que quero usar e a cooperação de outras pessoas. Induzirei outras pessoas a me servir por causa da minha disponibilidade para servir os outros. Eliminarei ódio, inveja, ciúme, egoísmo e cinismo, desenvolvendo amor pela humanidade, porque sei que uma atitude negativa com os outros jamais me trará sucesso. Farei com que os outros acreditem em mim porque acreditarei neles, e em mim mesmo.

____

____

____

____

____

____

____

____

Assinarei com o meu nome abaixo dessa fórmula, vou guardar na memória e repetir em voz alta uma vez por dia, com fé total de que ela influenciará os meus pensamentos e as minhas ações, de modo que me tornarei uma pessoa autoconfiante e bem-sucedida.

Assine aqui: ______________________________

A base dessa fórmula é uma lei da natureza que ninguém até hoje foi capaz de explicar. Ela deixou os cientistas embasbacados em todas as eras. Os psicólogos batizaram essa lei de “autossugestão”, e pararam por aí.

Capítulo 3

AUTOSSUGESTÃO: O TERCEIRO PASSO RUMO À RIQUEZA

Autossugestão: o meio para influenciar a mente subconsciente

"Autossugestão" é um termo que se aplica a todas as sugestões e todo estímulo autoadministrado que alcança a mente de uma pessoa através dos cinco sentidos. Afirmado de outro jeito, a autossugestão é a sugestão de si mesmo. É o agente de comunicação entre aquela parte da mente em que ocorre o pensamento consciente e aquela que serve como local de ação para a mente subconsciente.

Por meio dos pensamentos dominantes que permitimos que fiquem na nossa mente consciente (se esses pensamentos são negativos ou positivos é irrelevante), o princípio da autossugestão alcança voluntariamente a mente subconsciente e a influencia com esses pensamentos.

Pensamento nenhum, negativo ou positivo, *pode entrar na mente subconsciente sem a ajuda do princípio da autossugestão*, com exceção dos pensamentos captados do éter. Posto de outro modo, todas as impressões sensoriais recebidas através dos cinco sentidos são paradas pela mente pensante *consciente*, e podem ser repassadas para a mente subconsciente ou rejeitadas. A faculdade consciente serve como guarda do portão de acesso ao subconsciente.

A natureza nos construiu para que tivéssemos *controle absoluto* sobre o material que alcança a nossa mente subconsciente, por meio dos nossos cinco sentidos, embora isso não seja pensado para ser construído como uma afirmação de que sempre *exercitamos* esse controle. Na maior parte das situações, *não* exercitamos esse controle, o que explica por que tantas pessoas passam a vida toda na pobreza.

A mente subconsciente lembra um canteiro de jardim muito fértil no qual a erva daninha crescerá em abundância caso as sementes de plantas mais desejáveis não sejam semeadas. A autossugestão é o agente de controle por meio do qual um indivíduo pode voluntariamente alimentar sua mente subconsciente com pensamentos de natureza criativa, ou, por negligência, permitir que pensamentos de natureza destrutiva abram caminho para dentro desse jardim rico da mente.

Você foi instruído, nos passos descritos no Capítulo 1, sobre o desejo, a ler *em voz alta* duas vezes ao dia a afirmação *escrita* do seu *desejo de dinheiro*, e para se *ver* e *sentir já em posse* do dinheiro! Ao seguir essas instruções, você comunica o objeto do seu *desejo* diretamente para a sua mente *subconsciente* num espírito de *fé* absoluta. Pela repetição desse procedimento, você cria, voluntariamente, hábitos de pensamento que são favoráveis para os seus esforços para transmutar o desejo em seu equivalente monetário.

Volte para os passos descritos na seção "Tome uma Atitude" do Capítulo 1 e os leia de novo, com muita atenção, antes de seguir adiante. Depois, quando chegar ao Capítulo 6, Planejamento Organizado, leia com muito cuidado as quatro instruções para a organização do seu grupo de MasterMind. Ao comparar esses dois conjuntos de instruções com o que foi afirmado sobre a autossugestão, você, é claro, verá que as instruções envolvem a aplicação do princípio da autossugestão.

Lembre-se, portanto, quando estiver lendo em voz alta a afirmação do seu desejo (por meio do qual você está se engajando em desenvolver uma "consciência do dinheiro"), de que a *mera leitura das palavras não terá consequência se você não misturar emoção ou sentimento com as suas palavras*. Se você repetir um milhão de vezes a famosa fórmula de Emil Coué, "Dia após dia, em todos os sentidos, eu estou melhorando cada vez mais", sem misturar emoção e fé com as suas palavras, não obterá os resultados desejados. Sua mente subconsciente reconhece e age *somente* sobre pensamentos que foram bem misturados com emoção ou sentimento.

Sua mente subconsciente reconhece e age somente sobre os pensamentos que foram bem misturados com emoção ou sentimento

Esse é um fato de tamanha importância que é repetido praticamente em todos os capítulos. O motivo principal pelo qual a maioria das pessoas que tentam aplicar o princípio da autossugestão não obtém os resultados desejados é porque elas não entendem que sua mente subconsciente reconhece e age *somente* sobre pensamentos que foram bem misturados com emoção ou sentimento.

Palavras rasas e sem emoção não influenciam a mente subconsciente. Você não obterá resultados apreciáveis enquanto não aprender a alcançar sua mente subconsciente com pensamentos ou palavras faladas que foram bem emocionalizadas com a crença.

Não se sinta desencorajado se você não conseguir controlar e direcionar suas emoções na primeira vez que tentar. Lembre-se de que não existe a possibilidade de obter algo em troca de nada. A habilidade de alcançar e influenciar sua mente subconsciente tem seu preço, e você deve pagar esse preço.

Você não pode trapacear, mesmo se quiser fazer isso. O preço da habilidade de influenciar sua mente subconsciente é a *persistência* duradoura em aplicar os princípios descritos nos Capítulos 1 a 13. Você não pode desenvolver a habilidade desejada por um preço baixo. *Somente você* pode decidir se a recompensa pela qual está se esforçando (a "consciência do dinheiro") vale o preço que você deve pagar por ela com esforço.

Apenas sabedoria e "esperteza" não atrairão nem reterão dinheiro, exceto em muito raras situações em que a lei das médias favorece a atração de dinheiro por meio desses recursos. O método para atrair dinheiro descrito neste livro não depende da lei das médias.

Sua habilidade de usar o princípio da autossugestão dependerá, amplamente, da sua capacidade de se *concentrar* num dado *desejo* até que esse desejo se torne uma obsessão ardente. Quando você começar a executar as instruções da seção "Tome uma Atitude" descritas no Capítulo 1, precisará acessar o poder da *concentração*.

Sua mente subconsciente assimila e age sobre todas as ordens repetidas dadas num espírito de fé absoluta

Por exemplo, quando você "fixar na sua mente a quantia exata de dinheiro que deseja", mantenha seus pensamentos nessa quantia de dinheiro, concentrando-se, ou fixando sua atenção, de olhos fechados, até que possa *realmente ver* a aparência física do dinheiro. Faça isso pelo menos uma vez a cada dia. Ao executar esses exercícios, *veja-se de fato em posse* do dinheiro!

Eis um fato muito significativo: a mente subconsciente assimila quaisquer ordens dadas a ela num espírito de *fé* absoluta e age sobre essas ordens, embora as ordens, em geral, tenham de ser apresentadas muitas e muitas vezes, por meio da repetição, antes de serem interpretadas pela mente subconsciente.

PONTOS IMPORTANTES

- Pensamento nenhum, positivo ou negativo, pode entrar na mente subconsciente sem a ajuda da autossugestão.
- A habilidade de alcançar e influenciar a mente subconsciente tem um preço que você deve pagar. O preço é a persistência duradoura ao aplicar os treze passos.
- A mente subconsciente assimila quaisquer ordens dadas a ela num espírito de fé absoluta e age sobre essas ordens.
- Imagine-se já em posse do seu desejo definido.

- Coloque a sua afirmação escrita onde você puder ver à noite e de dia. Leia-a antes de ir para a cama e novamente ao acordar, até que a tenha memorizado.
- Você pode se tornar o mestre de si mesmo e do seu ambiente porque você tem o poder para influenciar a sua mente subconsciente.

TOME UMA ATITUDE

As instruções dadas no Capítulo 1 estão resumidas e amalgamadas nos princípios cobertos neste capítulo. Tome essas sugestões com seriedade e implemente-as o mais rápido possível:

1. Vá até um local quieto (preferencialmente na sua cama, à noite), onde você não será perturbado ou interrompido, feche os olhos e repita em voz alta (para poder ouvir as suas palavras) a afirmação escrita com a quantia de dinheiro que você pretende juntar, o tempo-limite para esse acúmulo e uma descrição do serviço ou produto que você pretende dar em retorno pelo dinheiro. Enquanto executa essas instruções, veja-se já em posse do dinheiro.

   Por exemplo, suponha que você pretende juntar $ 50.000 até o dia 1º de janeiro, daqui a cinco anos, prestando serviços pessoalmente como vendedor em troca do dinheiro. Sua afirmação escrita do seu propósito deveria ser similar à seguinte:

   "Em 1º de janeiro de 20__, eu terei, em minha posse, $ 50.000 que virão até mim em diversas quantias, de tempo em tempo, durante esse ínterim. Em troca desse dinheiro, prestarei o serviço mais eficiente possível, fornecendo a maior quantidade possível e a maior qualidade possível de serviço de vendedor de (descreva o serviço ou o produto que você pretende vender).

"Eu acredito que terei esse dinheiro em minha posse. Minha fé é tão forte que agora mesmo posso ver esse dinheiro à minha frente. Posso tocá-lo com as mãos. Ele está, agora, aguardando ser transferido para mim no tempo e na proporção em que eu prestar o serviço que pretendo fornecer em troca dele. Estou aguardando um plano por meio do qual juntar esse dinheiro, e seguirei esse plano quando for recebido."

2. Repita esse programa à noite e de manhã até você poder visualizar (na imaginação) o dinheiro que pretende juntar.

3. Coloque uma cópia escrita da sua afirmação onde você possa vê-la à noite e pela manhã. Leia-a antes de se deitar e assim que acordar, até que a tenha memorizado.

Lembre-se de que, quando está executando essas instruções, você está aplicando o princípio da autossugestão com o propósito de dar ordens para a sua mente subconsciente. Lembre-se, também, de que a sua mente subconsciente agirá *somente* sobre instruções que são emocionalizadas e entregues a ela com "sentimento".

A *fé* é a mais forte e a mais produtiva das emoções. Siga as instruções dadas no Capítulo 2 com *fé*. Essas instruções podem parecer abstratas no início. Não deixe isso perturbá-lo. Siga as instruções, por mais abstratas ou impraticáveis que pareçam ser inicialmente. Logo chegará o tempo, se você fizer como foi instruído em espírito e em ação, em que todo um novo universo de poder se revelará para você.

O ceticismo, em conexão com *todas* as ideias novas, é característico de todos os seres humanos. Mas, se você seguir as instruções delineadas, seu ceticismo logo será substituído pela crença, e esta, por sua vez, logo será cristalizada em *fé absoluta.* Nesse momento você terá chegado ao ponto em que poderá realmente dizer: "Eu sou o mestre do meu destino, eu sou o capitão da minha alma!".

Capítulo 4

CONHECIMENTO ESPECIALIZADO: O QUARTO PASSO RUMO À RIQUEZA

Conhecimento especializado: experiências ou observações pessoais

Existem dois tipos de conhecimento: geral e especializado. O conhecimento geral, por maior que seja a quantidade ou a variedade, é de pouca utilidade para juntar dinheiro. As faculdades das grandes universidades têm, agregadas, praticamente toda forma de conhecimento geral que a civilização conhece. A maioria dos professores tem pouco ou nenhum dinheiro. Eles se especializam em ensinar conhecimento, mas não se especializam na organização ou no uso do conhecimento.

O conhecimento não vai atrair o dinheiro a não ser que seja organizado e direcionado de modo inteligente por meio de *planos práticos de ação para o fim definido* de juntar dinheiro. A falta de entendimento desse fato foi o motivo de confusão para milhões de pessoas que acreditam erroneamente que "conhecimento é poder". Não é nada disso! O conhecimento é apenas poder em potencial. Ele se transforma em poder somente quando, e se, é organizado em planos de ação definidos e direcionado para um fim definido.

Esse "elo que falta" em todos os sistemas de educação que a civilização conhece hoje pode ser visto no fracasso das instituições educacionais em ensinar seis alunos a *organizar e usar o conhecimento depois que o adquirem.*

Antes que você possa ter certeza da sua habilidade de transmutar o *desejo* em seu equivalente monetário, vai precisar de conhecimento especializado para o serviço, o produto ou a profissão que pretende oferecer em troca da fortuna. Talvez precise de conhecimento muito mais especializado do que você tem habilidade ou inclinação para adquirir; se for o caso, você pode superar essa fraqueza por meio do seu grupo de MasterMind.

Andrew Carnegie afirmava que ele mesmo não sabia nada sobre a parte técnica da indústria do aço; mais precisamente, ele realmente não se importava em saber algo sobre isso. O conhecimento especializado de que ele precisava para a manufatura e o mercado do aço ele encontrou disponível nas unidades individuais do seu grupo de MasterMind.

Juntar grandes fortunas demanda o *poder* que é adquirido por meio de conhecimento especializado altamente organizado e direcionado de modo inteligente; mas esse conhecimento não precisa, necessariamente, ser detido pela pessoa que vai juntar essa fortuna.

O parágrafo precedente deverá dar esperança e encorajamento a todos com a ambição de juntar fortuna que não têm a "instrução" necessária para deter o conhecimento especializado que é necessário. Muitas pessoas passam pela vida sofrendo com "complexos de inferioridade" porque não são "instruídas". A pessoa que consegue organizar e direcionar um grupo de MasterMind que tem conhecimento útil para juntar dinheiro é uma pessoa tão instruída quanto qualquer outra do grupo.

Lembre-se disto: se você sofre com o sentimento de inferioridade porque teve instrução limitada, Thomas A. Edison passou somente três meses na escola durante toda a sua vida. Ele não carecia de instrução, e ele não morreu pobre. E Henry Ford, fundador da Ford Motor Company, nunca passou da sexta série, mas conseguiu se tornar uma grande influência no mundo da indústria, introduzindo novos e revolucionários métodos de produção em massa e a primeira linha de montagem de carros, o que o beneficiou demais financeiramente.

Conforme o conhecimento é adquirido, ele deve ser organizado e colocado em uso para um propósito definido, por meio de planos práticos

O conhecimento especializado está entre as formas de serviço mais abundantes e acessíveis. Em primeiro lugar, descubra de qual tipo de conhecimento especializado você precisa, e o propósito para o qual ele é necessário. Em maior extensão, seu propósito principal na vida, a meta pela qual você está trabalhando, ajudará a determinar de qual conhecimento você precisa. Com essa questão resolvida, seu próximo passo é adquirir informação precisa acerca de fontes confiáveis de conhecimento. As mais importantes são:

- Experiência e instrução próprias
- Experiência e instrução disponível por meio da colaboração com outras pessoas (aliança de MasterMind)

- Faculdades e universidades
- Bibliotecas públicas (livros e periódicos nos quais pode ser encontrado todo o conhecimento organizado pela civilização)
- Cursos de treinamento especial (escolas noturnas e ensino a distância, em particular)
- Fontes da internet

Conforme o conhecimento é adquirido, ele deve ser organizado e colocado em uso para um propósito definido, por meio de planos práticos. O conhecimento não tem valor, exceto pelo que pode ser obtido com sua aplicação para algum fim que valha a pena. Essa é uma das razões pelas quais os diplomas universitários não são avaliados como mais valiosos. Eles não representam nada além de uma miscelânea de conhecimento.

Se você desejar obter mais instrução, primeiro determine o propósito para o qual quer o conhecimento que está buscando, depois descubra onde esse tipo específico de conhecimento pode ser obtido, de fontes confiáveis.

Pessoas bem-sucedidas, de todas as vocações, nunca param de adquirir conhecimento especializado relacionado ao seu propósito principal, ao seu negócio ou profissão. Aqueles que não têm sucesso costumam cometer o erro de acreditar que o período de aquisição de conhecimento termina quando eles concluem os estudos na escola. A verdade é que o ensino escolar faz pouco mais do que colocar a pessoa no caminho para aprender a adquirir conhecimento prático.

A *base de todas as ideias* é o conhecimento especializado. Infelizmente, para aqueles que não encontram riquezas em abundância, o conhecimento especializado é mais abundante e mais facilmente adquirido do que as *ideias*. Por causa desse fato, existe uma demanda universal e cada vez mais oportunidades para a pessoa capaz de ajudar homens e mulheres a vender seus serviços pessoais de forma vantajosa.

Capacidade significa *imaginação*, a única qualidade necessária para combinar o conhecimento especializado com *ideias*, na forma de *planos organizados* projetados para gerar riqueza.

Se você tem imaginação aguçada, o capítulo seguinte talvez lhe apresente uma ideia que seja suficiente para servir como início das riquezas que você deseja. Lembre-se de que a *ideia*, o pensamento, é o principal. O conhecimento especializado pode ser encontrado logo ali na esquina – em qualquer esquina!

PONTOS IMPORTANTES

- Existem dois tipos de conhecimento: geral e especializado.
- O conhecimento geral é de pouco uso para juntar dinheiro.
- O conhecimento não atrairá dinheiro a não ser que seja organizado e direcionado de modo inteligente por meio de planos de ação práticos voltados para o fim definido de juntar dinheiro.
- O elo que falta em todos os sistemas de educação que a civilização conhece hoje é como organizar e usar o conhecimento depois de adquirido.
- Defina de que tipo de conhecimento especializado você precisa e o propósito para o qual ele é necessário. Em seguida, adquira-o.
- O conhecimento não tem valor, exceto pelo que pode ser obtido com sua aplicação em busca de um fim que valha a pena.

- As pessoas bem-sucedidas, de todas as vocações, nunca param de adquirir conhecimento especializado relacionado ao seu propósito principal, seu negócio ou profissão.

TOME UMA ATITUDE

1. Você já determinou o *propósito* e a *necessidade* de obter conhecimento específico?

___

___

___

2. De que tipo de conhecimento especializado você precisa para realizar sua meta? Liste suas ideias para possíveis fontes de conhecimento especializado abaixo:

___

___

___

___

___

___

___

___

3. Você já pesquisou e encontrou uma fonte confiável para obter esse tipo específico de conhecimento?

4. Quais passos específicos você vai dar para começar a adquirir o conhecimento específico de que precisa para ter sucesso? Escreva esses passos; escreva uma linha do tempo; em seguida, entre em ação.

Capítulo 5

IMAGINAÇÃO: O QUINTO PASSO RUMO À RIQUEZA

Imaginação: a estação de trabalho da mente

A imaginação é literalmente a estação de trabalho onde todos os planos são projetados. O impulso, o *desejo*, ganha molde, forma e *ação* com a ajuda da faculdade imaginativa da mente.

Diz-se que as pessoas podem criar qualquer coisa que puderem imaginar. De todas as eras da civilização, esta é a mais favorável para o desenvolvimento da imaginação, porque é uma era de mudança rápida. Em todo canto podemos ter contato com estímulos que desenvolvem a imaginação.

Com o apoio da nossa faculdade imaginativa, descobrimos e aproveitamos mais das forças da natureza durante os últimos cinquenta anos do que durante toda a história da raça humana. Conquistamos o ar tão completamente que os pássaros não se comparam a nós na capacidade de voar. Conquistamos o éter e o fizemos servir como meio de comunicação instantânea com qualquer parte do mundo.

Analisamos e pesamos o sol a uma distância de milhões de quilômetros e determinamos, com a ajuda da *imaginação*, os elementos nos quais ele consiste. Descobrimos que nosso cérebro é uma estação de transmissão e recepção da vibração do pensamento. E estamos começando agora a aprender a fazer uso prático dessa descoberta.

Duas formas de imaginação

A faculdade imaginativa funciona de duas maneiras: imaginação sintética e imaginação criativa.

Imaginação sintética: pela imaginação sintética, podemos arranjar antigos conceitos, ideias ou planos em novas combinações. Essa faculdade não cria nada. Ela apenas trabalha com o material da experiência, instrução e observação com a qual é alimentada. É a faculdade mais usada pelo inventor, com exceção do "gênio", que busca algo na imaginação criativa quando não consegue resolver um problema usando a imaginação sintética.

Imaginação criativa: pela faculdade da imaginação criativa, a mente finita dos humanos tem comunicação direta com a Inteligência Infinita. É a faculdade por meio da qual "intuições" e "inspirações" são recebidas. É por meio dessa faculdade que todas as ideias básicas ou novas são entregues às pessoas.

É por essa faculdade que as vibrações de pensamento das mentes dos outros são recebidas. É por essa faculdade que um indivíduo pode "sintonizar-se" ou comunicar-se com as mentes subconscientes das outras pessoas.

A imaginação criativa trabalha automaticamente na maneira descrita nas páginas subsequentes. Essa faculdade funciona quando a mente consciente está vibrando em frequência extremamente rápida; por exemplo, quando a mente consciente é estimulada pela emoção de um desejo forte. A faculdade criativa fica mais alerta, mais receptiva às vibrações das fontes mencionadas, em proporção ao seu desenvolvimento obtido por meio do uso. Essa frase é importante! Pense um pouco sobre ela antes de prosseguir com a leitura.

Tenha em mente, enquanto estiver seguindo esses treze passos, ou princípios, que toda a história estará completa apenas quando você tiver *dominado, assimilado e começado a fazer uso* de todos eles.

Os grandes líderes de empresas, das indústrias, das finanças, e os grandes artistas, músicos, poetas e escritores tornaram-se grandiosos porque desenvolveram a faculdade da imaginação criativa. As duas faculdades da imaginação, a sintética e a criativa, ficam mais alertas com o uso, assim como qualquer músculo ou órgão do corpo se desenvolve com o uso.

O desejo é apenas um pensamento, um impulso. É nebuloso e efêmero. É abstrato e não tem valor até que seja transformado em sua contraparte física. A imaginação sintética é aquela usada mais frequentemente no processo de transformar o impulso do *desejo* em dinheiro. Mas tenha em mente que talvez você enfrente circunstâncias e situações que demandem o uso da imaginação criativa também.

Transformar o desejo intangível na realidade tangível do dinheiro requer um plano

Sua faculdade imaginativa pode ter ficado fraca por causa da inatividade. Ela pode ser reavivada e ficar alerta por meio do *uso.* Essa faculdade não morre, embora possa ficar quiescente pela falta de uso.

Transformar o *impulso intangível do desejo na realidade tangível do dinheiro* demanda o uso de um plano, ou planos. Esses planos devem ser formados com a ajuda da imaginação, e principalmente com a faculdade da imaginação sintética.

Comece agora mesmo a colocar a sua imaginação para funcionar na projeção de um plano, ou planos, para a transformação do seu desejo em dinheiro. Instruções detalhadas para a projeção de planos foram dadas em quase todos os capítulos do livro *Quem pensa enriquece.* Execute as instruções que mais se aplicam às suas necessidades e coloque o seu plano por escrito, se é que você já não fez isso.

PONTOS IMPORTANTES

- O impulso, o desejo, ganha molde, forma e ação com o apoio da faculdade imaginativa da mente.
- Diz-se que as pessoas podem criar qualquer coisa que puderem imaginar.
- De todas as eras da civilização, esta é a mais favorável para o desenvolvimento da imaginação, porque é uma era de mudança rápida.

- Sua única limitação, dentro da razão, jaz no desenvolvimento e no uso da sua imaginação.
- A imaginação sintética está rearranjando ideias, conceitos e planos antigos em novas combinações.
- A imaginação criativa é a inspiração das ideias novas.
- A história de praticamente toda grande fortuna começa com o dia em que um criador de ideias e um vendedor de ideias se juntaram e trabalharam em harmonia.

TOME UMA ATITUDE

1. Você está no processo de transformar o impulso do desejo em dinheiro? Escreva o seu processo passo a passo e como está progredindo.

2. Sua faculdade imaginativa ficou fraca por causa da inatividade? Você precisa reavivá-la com o uso? Qual passo você dará para fazer isso?

3. Você está desenvolvendo a sua imaginação sintética? Ela é mais comumente usada no processo de converter o desejo em dinheiro.

4. Transformar o impulso intangível do dinheiro na realidade tangível do dinheiro requer um plano, ou planos. Você tem um plano para essa transformação? Escreva um plano convincente e prático e, em seguida, entre em ação.

Capítulo 6

PLANEJAMENTO ORGANIZADO: O SEXTO PASSO RUMO À RIQUEZA

A cristalização do desejo em ação

Você aprendeu que tudo que a humanidade cria ou adquire começa na forma de um *desejo*, e que o desejo é levado, na primeira volta dessa jornada, do abstrato para o concreto, para a estação de trabalho da *imaginação*, onde planos para a sua transição são criados e organizados.

No Capítulo 1, você foi instruído a dar seis passos definidos, práticos, como seu primeiro movimento na tradução do desejo de dinheiro em seu equivalente monetário. Um desses passos é a formação de um plano – ou planos – *definido*, prático, pelo qual essa transformação poderá ser feita – incluindo formar um grupo de MasterMind.

A seguir, listamos quatro passos para projetar planos práticos:

1. Alie-se com um grupo de quantas pessoas você julgar que precisará para a criação e a condução do seu plano, ou planos,

para juntar dinheiro – fazendo uso do princípio do MasterMind descrito em um capítulo posterior. (Observar esta instrução é absolutamente essencial. Não a negligencie.)

2. Antes de formar sua aliança de MasterMind, defina quais vantagens e benefícios você poderá oferecer aos membros do seu grupo em contrapartida pela cooperação deles. Ninguém vai trabalhar indefinidamente sem alguma forma de compensação. Nenhuma pessoa inteligente vai requerer ou esperar que outra trabalhe sem compensação adequada, embora esta nem sempre venha na forma de dinheiro.

3. Combine de se encontrar com os membros do seu grupo de MasterMind pelo menos duas vezes por semana, ou mais, se possível, até vocês terem aperfeiçoado juntos o plano, ou planos, necessário para juntar dinheiro.

4. Mantenha uma *harmonia perfeita* entre você e cada membro do seu grupo de MasterMind. Se você não conseguir cumprir esta instrução à risca, pode acabar fracassando. O princípio do MasterMind não pode prosperar onde não prevalece a harmonia perfeita.

Tenha em mente estes fatos:

Primeiro. Você está engajado numa empreitada de grande importância para você. Para ter certeza do sucesso, você deve ter planos impecáveis.

Segundo. Você deve ter a vantagem da experiência, instrução, habilidade nata e imaginação de outras mentes. Isso está em harmonia com os métodos seguidos por todas as pessoas que juntaram grandes fortunas.

Nenhum indivíduo tem experiência, instrução, habilidade nata e conhecimento suficiente para garantir que vai juntar uma grande fortuna sem a cooperação de outras pessoas. Todo plano que você adotar, em sua empreitada de juntar riqueza, deveria ser a criação conjunta feita por você e por cada outro membro do seu grupo de MasterMind. Você pode até criar seus planos, tanto por inteiro quanto em partes, mas *se certifique de que os seus planos sejam revisados e aprovados por um membro da sua aliança de MasterMind.*

Se o primeiro plano que você adotar não funcionar com sucesso, substitua-o por um novo plano; se esse novo plano não funcionar, substitua-o, por sua vez, por mais outro, e assim por diante, *até você encontrar um plano que realmente funcione.* Aqui está o ponto em que a maioria das pessoas se depara com o fracasso – a falta de *persistência* em criar novos planos para substituir os que falharam.

Ninguém consegue juntar dinheiro sem planos práticos e funcionais

Nem mesmo a pessoa mais inteligente do mundo consegue juntar dinheiro – ou realizar qualquer outra empreitada – sem planos práticos e funcionais. Tenha este fato em mente: quando seus planos falham, essa derrota temporária não é o fracasso permanente. Talvez isso signifique apenas que os seus planos não eram bons. Faça outros planos. Comece tudo de novo.

Thomas A. Edison "falhou" dez mil vezes antes de aperfeiçoar a lâmpada elétrica incandescente. Ou seja, ele se deparou com uma derrota temporária dez mil vezes antes de seus esforços serem coroados com o sucesso.

A derrota temporária deveria significar apenas uma coisa: o conhecimento correto de que existe algo de errado com o seu plano. Milhões de pessoas passam a vida na miséria e na pobreza porque não têm um plano bom com o qual juntar felicidade e fortuna.

Suas realizações não podem ser maiores do que seus planos

Henry Ford juntou fortuna não por causa de sua mente superior, mas porque adotou e seguiu um *bom plano.* Milhares de pessoas poderiam ser consideradas como tendo melhor instrução do que a de Ford, entretanto, esses milhares vivem em pobreza porque não têm o plano certo para juntar dinheiro.

PONTOS IMPORTANTES

- Se o primeiro plano que você adotar não funcionar direito, substitua-o por um novo plano; continue tentando e substituindo até funcionar.
- Nem mesmo a pessoa mais inteligente do mundo consegue juntar dinheiro – ou realizar qualquer outra empreitada – sem planos práticos e funcionais.
- Milhões de pessoas passam a vida na miséria e na pobreza porque não têm um bom plano com o qual juntar fortuna.
- Suas realizações não podem ser maiores do que seus planos.

TOME UMA ATITUDE

Existem dez causas principais para o fracasso da liderança. Leia atentamente os itens a seguir e escreva sobre experiências de cada um que lhe causaram problemas no passado e o que você vai fazer para impedir que venham a se tornar problemas no futuro:

1. *Incapacidade de organizar detalhes.* A liderança eficaz demanda a habilidade de organizar e dominar detalhes. Nenhum líder genuíno nunca está "ocupado demais" para fazer algo de necessário em sua capacidade de líder. Seja líder, seja seguidor, quando você admite que está "ocupado demais" para mudar um plano ou dar atenção a uma emergência, admite a ineficiência. Isso significa, claro, adquirir o hábito de relatar detalhes para os colegas capazes.

____

____

____

____

____

____

____

____

2. *Indisponibilidade de prestar serviço humilde.* Os verdadeiros grandes líderes estão sempre dispostos, quando a ocasião demanda, a executar qualquer tipo de trabalho que eles pediriam que outra pessoa executasse.

3. *Expectativa de receber pelo que "sabe" em vez de pelo que "faz" com aquilo que sabe.* O mundo não paga as pessoas por aquilo que elas "sabem". Ele lhes paga pelo que elas fazem, ou induzem outros a fazer.

4. *Medo de competir com os seguidores.* O líder que teme que um dos seguidores deseja ter sua posição pode ter certeza de que vai se deparar com esse medo cedo ou tarde. Por outro lado, o líder capaz treina seus pupilos para lhes delegar tarefas. Somente dessa maneira um líder pode multiplicar-se e preparar-se para estar em muitos lugares, dando atenção a muitas coisas ao mesmo tempo. É uma verdade eterna que

as pessoas recebem mais rendimentos por sua *habilidade de fazer que os outros executem* do que poderiam possivelmente receber pelo esforço próprio. Um líder eficiente pode, pelo conhecimento que tem do trabalho e pelo magnetismo de sua personalidade, aumentar muito a eficiência dos outros e induzi-los a prestar mais serviço e serviço melhor do que poderiam prestar sem a ajuda dele.

5. *Falta de imaginação.* Sem imaginação, o líder é incapaz de enfrentar emergências e criar planos para guiar os seguidores com eficiência.

6. *Egoísmo.* O líder que reivindica para si toda a honra do trabalho dos seguidores pode ter certeza de que vai se deparar com ressentimento. O grande líder não reivindica as honras. Ele se contenta em ver as honras, quando elas existem, indo para os seguidores, sabendo que a maioria das pessoas trabalha mais arduamente por elogio e reconhecimento do que somente pelo dinheiro.

7. *Intemperança.* Os seguidores não respeitam um líder destemperado. E mais, a intemperança, em todas as suas diversas formas, destrói a resistência e a vitalidade de todos que se permitem ficar com ela.

8. *Deslealdade.* Talvez a deslealdade devesse ter sido colocada no topo da lista. O líder que não é leal e digno de confiança para seus associados, tanto os que estão acima quanto os que estão abaixo, não consegue manter a liderança por muito tempo. A deslealdade marca uma pessoa como alguém desprezível. A falta de lealdade é uma das maiores causas de fracasso em todas as áreas da vida.

9. *Ênfase na "autoridade" da liderança.* O líder eficiente lidera encorajando, não tentando instilar medo no coração dos seguidores. O líder que tenta impressionar os seguidores com "autoridade" é colocado dentro da categoria da "liderança pela força". Se o líder é um verdadeiro líder, ele não terá a menor necessidade de divulgar esse fato, exceto por boa conduta – simpatia, compreensão, justiça e demonstração de que ele conhece o trabalho.

10. *Ênfase no título.* O líder competente não necessita de "título" nenhum para ganhar o respeito dos seguidores. O líder que faz muito alarde em torno de um título geralmente tem pouco mais a enfatizar. As portas do escritório do verdadeiro líder estão abertas para todos que quiserem entrar, e seu local de trabalho não tem formalidade ou ostentação.

Capítulo 7

DECISÃO: O SÉTIMO PASSO RUMO À RIQUEZA

Decisão: dominar a procrastinação

A análise precisa de mais de 25 mil homens e mulheres que enfrentaram o fracasso revelou o fato de que a *falta de decisão* estava quase no topo da lista das trinta maiores causas do *fracasso*. Isso não é uma mera afirmação teórica – é um fato.

A *procrastinação*, o oposto da *decisão*, é um inimigo comum que quase todo homem e toda mulher devem dominar.

Você terá a oportunidade de testar sua capacidade de tomar *decisões* rápidas e definitivas quando terminar de ler este livro e estiver pronto para colocar em *ação* os princípios que aprendeu.

A análise de muitas centenas de pessoas que *juntaram fortunas* muito além da marca dos milhões de dólares revela o fato de que todas elas tinham o hábito de *tomar decisões prontamente*, e de mudar de decisão *devagar*, se e quando era necessário mudar.

As pessoas que *fracassam* em juntar dinheiro, sem exceção, têm o hábito de tomar decisões, *quando tomam*, muito devagar, e de mudar de decisão rapidamente e com frequência.

Uma das qualidades mais notáveis de Henry Ford era seu hábito de tomar decisões rápida e definitivamente, e de mudar de ideia lentamente. Essa qualidade é tão pronunciada no Sr. Ford que lhe deu a reputação de ser obstinado. Essa qualidade incitou o Sr. Ford a continuar a produção de seu famoso modelo T (o carro mais feio do mundo) quando todos os conselheiros, e muitos dos compradores do carro, instavam-no a fazer alterações.

Tenha o hábito de tomar decisões rápida e definitivamente, e de mudar de ideia devagar

Talvez o Sr. Ford tenha demorado demais para fazer a alteração, mas o outro lado da história é que a firmeza de decisão do Sr. Ford gerou uma grande fortuna antes de a mudança de modelo ser necessária. Há pouca dúvida de que o hábito do Sr. Ford de tomar decisões definitivas assume a proporção da obstinação, mas essa qualidade é preferível à demora em tomar decisões e mudar de ideia rapidamente.

A maioria das pessoas que fracassam em juntar dinheiro suficiente para as suas necessidades é geralmente influenciada facilmente pelas "opiniões" dos outros. Elas permitem que jornais e vizinhos "fofoqueiros" pensem por elas. As opiniões são as *commodities* mais baratas do planeta. Todo mundo tem um bando de opiniões prontas para serem entregues a qualquer um que as aceitar. Se você é influenciado por opiniões quando toma decisões, não terá sucesso em nenhum empreendimento, muito menos em transmutar o seu desejo em dinheiro.

Se você for influenciado pela opinião dos outros, não terá um desejo próprio.

Quando você começar a colocar em prática os princípios descritos aqui, tome suas próprias decisões e as siga. Não fique fazendo confidências com os outros, exceto os membros do seu grupo de MasterMind; e certifique-se de, na seleção desse grupo, escolher somente aqueles que estarão totalmente de acordo e em harmonia com o seu propósito.

Amigos próximos e parentes, embora não tenham essa intenção, em geral atrapalham a pessoa com opiniões não solicitadas e às vezes ridículas, com a intenção de fazer graça. Milhares de homens e mulheres carregam complexos de inferioridade consigo por toda a vida porque alguma pessoa bem-intencionada, mas ignorante, destruiu a confiança deles com opiniões e humilhação.

Você tem cérebro e mente que são seus. *Use-os* para tomar suas decisões. Se você precisar de fatos ou informações de outras pessoas para poder tomar decisões, como provavelmente acontecerá em muitas situações, adquira esses fatos ou garanta a informação de que você precisa discretamente, sem revelar o seu propósito.

É característico de pessoas que têm somente conhecimento raso ou superficial tentar dar a impressão de que têm muito conhecimento. Essas pessoas, em geral, *falam demais e ouvem muito pouco*. Fique de olhos e ouvidos abertos – e de boca fechada, se quiser adquirir o hábito de tomar decisões prontamente. Quem fala demais quase não faz outra coisa. Se você fala mais do que ouve, não somente se priva de muitas oportunidades de acumular conhecimento útil como também revela os seus *planos e propósitos* a pessoas que terão muito prazer em derrotá-lo, pois têm inveja de você.

O valor das decisões depende da coragem necessária para tomá-las

O valor das decisões depende da coragem necessária para tomá-las. As grandes decisões, que serviram como fundação para a civilização, foram tomadas assumindo grandes riscos, que muitas vezes significavam a possibilidade de morrer.

A decisão de Abraham Lincoln de declarar sua famosa Proclamação da Emancipação, libertando os escravos, foi tomada com o entendimento total de que esse ato viraria milhares de amigos e apoiadores políticos contra ele. Ele sabia, também, que a consecução dessa proclamação significaria a morte de milhares de homens no campo de batalha. No fim, custou a vida do próprio Lincoln. Foi preciso ter coragem.

A decisão de Sócrates de tomar a taça de veneno, em vez de negar sua crença pessoal, foi uma decisão de coragem. Ela adiantou o tempo em mil anos, e deu a pessoas que ainda nem tinham nascido o direito à liberdade de pensamento e expressão.

Mas a maior decisão de todos os tempos, pelo menos no que tange a qualquer cidadão norte-americano, foi tomada na Filadélfia, em 4 de julho, quando 56 homens assinaram seus nomes num documento que eles bem sabiam que traria a liberdade a todos os norte-americanos, ou levaria todos os 56 à forca!

Analise os eventos que levaram à Declaração da Independência e você será convencido de que esta nação, que agora detém uma posição de comando, respeito e poder entre todas as nações do mundo, nasceu de uma *decisão* criada por um grupo de MasterMind que consistia em 56 homens.

Note também (com grande benefício pessoal) que o poder que deu a esta nação sua liberdade é o mesmo poder que deve ser usado por todo indivíduo que se torna responsável por determinar sua vida. Esse poder é composto dos princípios descritos neste livro. Não é difícil detectar, na história da Declaração da Independência, pelo menos seis desses princípios: *desejo, decisão, fé, persistência, MasterMind e planejamento organizado.*

Por toda essa filosofia encontra-se a sugestão de que o *pensamento*, apoiado por um *desejo* forte, tem a tendência de transmutar-se em seu equivalente físico. Antes de seguir adiante, eu gostaria de deixá-lo com a sugestão de que talvez você encontre, nesta história, e na história da organização da United States Steel Corporation, uma descrição perfeita do método pelo qual o pensamento gera transformações incríveis.

Em sua busca pelo segredo do método, não procure um milagre, porque não vai encontrar. Você encontrará somente as leis eternas da natureza. Essas leis estão disponíveis para todos que tiverem *fé* e coragem para usá-las. Elas podem ser usadas para trazer liberdade a uma nação, ou para acumular riqueza. Não há custo, exceto o tempo necessário para entendê-las e apropriar-se delas.

Aqueles que tomam decisões pronta e definitivamente sabem o que querem e geralmente conseguem. Líderes de todas as áreas da vida decidem com rapidez e firmeza. Esse é o motivo principal de eles serem líderes. O mundo tem o hábito de abrir caminho para aqueles cujas palavras e ações mostram que eles sabem aonde estão indo.

Aqueles que tomam decisões pronta e definitivamente em geral conseguem o que querem

A indecisão é um hábito que geralmente começa quando a pessoa ainda é jovem. O hábito assume permanência conforme o jovem passa pelo ensino fundamental, pelo ensino médio e até ao longo da faculdade sem definição de propósito. A maior fraqueza de todos os sistemas educacionais é que eles não ensinam nem encorajam o hábito da decisão definitiva.

Seria benéfico se nenhuma faculdade permitisse a matrícula de um aluno enquanto ele não declarasse qual é seu propósito maior ao se matricular. Seria ainda mais benéfico se todo aluno que entrasse na escola fosse incentivado a aceitar o treinamento do hábito de tomar decisões e forçado a passar por um exame, nesse assunto, antes que lhe permitissem avançar.

O hábito da indecisão adquirido por causa de deficiências nos nossos sistemas escolares acompanha o aluno na ocupação escolhida – se é que ele chega a escolher uma ocupação. Em geral, o jovem recém-saído da escola procura um emprego qualquer e aceita o primeiro que encontra. Ouso dizer que 98 de cada 100 pessoas que trabalham atualmente ocupam o cargo em que estão porque não tinham a definição de decisão para planejar um cargo definido e o conhecimento para saber como escolher um empregador.

A definição da decisão sempre requer coragem, às vezes muita coragem. Os 56 homens que assinaram a Declaração de Independência arriscaram suas vidas na decisão de colocar suas assinaturas naquele documento. A pessoa que toma a decisão definida de procurar um emprego específico e faz a vida pagar o preço não arrisca a sua vida nessa decisão; a decisão cobra o risco da *liberdade econômica.*

A independência financeira, a riqueza, um negócio desejado ou um cargo na sua profissão não estão ao alcance da pessoa que negligencia ou se recusa a *esperar*, *planejar* c *demandar* essas coisas. A pessoa que deseja riquezas no mesmo espírito que Samuel Adams desejava a liberdade para as colônias certamente juntará riquezas.

No capítulo sobre o planejamento organizado de *Quem pensa enriquece*, você encontrará instruções completas para divulgar qualquer tipo de serviço pessoal. Você encontrará também informação detalhada sobre como escolher o empregador que você prefere e o emprego específico que você deseja. Essas instruções não terão valor algum se você não decidir definitivamente organizá-las num plano de ação.

PONTOS IMPORTANTES

- A procrastinação, o oposto da decisão, é um inimigo comum que todos devem dominar.
- A análise de muitas centenas de milionários mostrou que todos eles tinham o hábito de tomar decisões prontamente e mudar de ideia devagar, quando mudavam.
- A maioria das pessoas que falham em juntar dinheiro suficiente para as suas necessidades é geralmente facilmente influenciada pela opinião dos outros.
- Se você for influenciado pela opinião dos outros, não terá um desejo seu.
- Você tem um cérebro e uma mente que são seus – use-os para alcançar decisões próprias.

- Fique de olhos e ouvidos abertos, e de boca fechada, se quiser adquirir o hábito de tomar decisões prontamente.
- O valor das decisões em geral depende da coragem necessária para tomá-las. As grandes decisões que servem como fundação para a civilização foram tomadas por pessoas que assumiram grandes riscos, que muitas vezes significavam a possibilidade de morrer.
- A independência financeira, as riquezas, um negócio desejado e cargos na sua profissão não estão ao alcance da pessoa que negligencia ou se recusa a esperar, planejar e demandar essas coisas.

TOME UMA ATITUDE

As principais causas do fracasso estão listadas aqui. Avalie cada fracasso descrito e escreva a sua reação para eles. Quantos destes estão impedindo *você* de prosseguir?

1. *História de herança desfavorável.* Há muito pouco, se é que há, que pode ser feito para as pessoas que nascem com deficiência de poder cerebral. Esta filosofia oferece um método de superar essa fraqueza – com a ajuda do MasterMind. Observe, para o seu lucro, no entanto, que esta é apenas uma das trinta causas de fracasso que podem não ser tão facilmente corrigidas por algum indivíduo.

____

____

____

____

2. *Falta de um propósito bem definido na vida.* Não há esperança de sucesso para a pessoa que não tem um propósito central ou uma meta definida na qual mirar. Noventa e oito de cada cem analisados não tinha um objetivo desses. Talvez essa fosse a principal causa do fracasso deles.

3. *Instrução insuficiente.* Essa fraqueza pode ser superada com relativa facilidade. A experiência já provou que as pessoas de maior instrução são aquelas que são conhecidas como "autodidatas" ou autoinstruídas. É preciso mais do que um diploma de faculdade para que uma pessoa seja instruída. Qualquer pessoa instruída aprendeu a conseguir o que quer na vida sem violar os direitos dos outros. A instrução consiste não tanto em conhecimento, mas em conhecimento aplicado com eficiência e persistência. As pessoas são pagas não apenas pelo que sabem, mas, principalmente, pelo que fazem com o que sabem.

4. *Falta de autodisciplina.* A disciplina vem por meio do autocontrole. Isso significa que você deve controlar todas as qualidades negativas. Antes de poder controlar as condições, você deve controlar a si mesmo primeiro. O autodomínio é a tarefa mais difícil que você vai enfrentar. Se não dominar a si mesmo, você será dominado por si mesmo. Você pode ver, ao mesmo tempo, seu melhor amigo e seu maior inimigo ao ficar diante de um espelho.

5. *Saúde ruim.* Pessoa nenhuma pode aproveitar um sucesso estrondoso sem boa saúde. Muitas das causas da saúde ruim estão sujeitas ao domínio e ao controle.

6. *Procrastinação.* A procrastinação é uma das causas mais comuns do fracasso. A boa e velha procrastinação esconde-se dentro da sombra de todo ser humano, aguardando a oportunidade de estragar suas chances de sucesso. A maioria de nós passa pela vida como alguém fracassado porque espera pelo "momento certo" para começar a fazer algo que vale a pena. Não espere. O momento nunca será o "certo". Comece por onde você está e trabalhe com os recursos que você tem ao seu comando; recursos melhores serão encontrados conforme você segue no caminho.

7. *Falta de persistência.* A maioria de nós é boa de começar, mas ruim de terminar tudo que começa. Mais ainda, as pessoas tendem a desistir nos primeiros sinais de derrota. Não há substituto para a persistência. A pessoa que faz da persistência a palavra da vez descobre que o bom e velho fracasso acaba finalmente se cansando e vai embora. O fracasso não consegue lidar com a persistência.

8. *Personalidade negativa.* Não há esperança de sucesso para a pessoa que repele os outros com uma personalidade negativa. O sucesso vem pela aplicação de energia, e a energia é obtida pelos esforços cooperativos de outras pessoas. Uma personalidade negativa não induzirá a cooperação.

9. *Desejo descontrolado de ganhar sem dar nada em troca.* O instinto de apostar leva milhões de pessoas ao fracasso. Prova disso pode ser encontrada na variedade de eventos atuais, bem como num estudo da quebra da Bolsa de Nova York de 1929, durante a qual milhões de pessoas tentaram ganhar dinheiro comprando ações em margem.

10. *Falta de poder de decisão bem definido.* As pessoas que têm sucesso tomam decisões prontamente e mudam de ideia, se é que o fazem, muito devagar. As pessoas que fracassam tomam decisões, quando tomam, bem devagar e mudam de ideia rápido e com frequência. A indecisão e a procrastinação são gêmeas. Onde está uma, a outra quase sempre é encontrada também. Acabe com essa dupla antes que ela o amarre para sempre na esteira do fracasso.

11. *Um ou mais dos seis medos básicos.* Esses medos foram analisados para você no Capítulo 14. Eles devem ser dominados antes que você possa divulgar seus serviços com eficiência.

12. *Excesso de cautela.* A pessoa que não se arrisca em geral tem de ficar com aquilo que sobra quando as outras terminam de escolher. O excesso de cautela é tão ruim quanto sua falta. Ambos são extremos dos quais é preciso se proteger. A vida em si está cheia de oportunidades.

13. *Seleção equivocada dos sócios para os negócios.* Esta é uma das causas mais comuns de fracasso nos negócios. Ao divulgar serviços pessoais, você deveria ter muito cuidado ao selecionar um empregador que será uma inspiração e que seja inteligente e bem-sucedido. Nós emulamos aqueles com quem nos associamos mais. Escolha um chefe que valha a pena emular.

14. *Superstição e preconceito.* A superstição é uma forma de medo. É também um sinal de ignorância. As pessoas que têm sucesso mantêm a mente aberta e não têm medo de nada.

15. *Escolha equivocada da vocação.* Ninguém pode ter sucesso numa área de empreitada de que não gosta. O passo mais essencial na divulgação de serviços pessoais é selecionar uma ocupação na qual você poderá mergulhar de cabeça, com todo o seu coração.

16. *Falta de concentração de esforço.* A pessoa que faz de tudo raramente é boa em alguma coisa. Concentre todos os seus esforços em um objetivo principal definido.

17. *O hábito de gastar indiscriminadamente.* O poupador não pode ter sucesso principalmente porque passa a vida toda com medo da pobreza. Crie o hábito de economizar sistematicamente, pondo de lado uma porcentagem definida dos seus rendimentos. O dinheiro no banco lhe dá um fundamento seguro de coragem ao barganhar a venda de seus serviços pessoais. Sem dinheiro, você tem que aceitar o que lhe oferecem e se contentar com isso.

18. *Falta de entusiasmo.* Sem entusiasmo, não tem como você ser convincente. Além disso, o entusiasmo é contagioso; e a pessoa que o tem sob controle em geral é bem recebida em qualquer grupo de pessoas.

19. *Intolerância.* A pessoa de mente "fechada" sobre qualquer assunto raramente segue adiante. A intolerância significa que a pessoa parou de adquirir conhecimento. As formas mais prejudiciais de intolerância são aquelas conectadas a religião, raça e diferenças políticas de opinião.

20. *Intemperança.* As formas mais prejudiciais de intemperança estão conectadas com comida, bebida forte e atividades sexuais. O excesso em qualquer uma dessas é fatal para o sucesso.

21. *Incapacidade de cooperar com os outros*. Mais pessoas perdem o cargo e grandes oportunidades na vida por causa da inabilidade de cooperar do que por todos os outros motivos combinados. É uma falha que nenhum executivo ou líder bem-informado vai tolerar.

22. *Possuir poder que não foi adquirido por esforço próprio* (filhos de pais ricos e outros que herdam dinheiro que não ganharam). O poder, nas mãos de alguém que não o adquiriu gradualmente, em geral é fatal para o sucesso. Riquezas fáceis são mais perigosas do que a pobreza.

23. *Desonestidade intencional.* Não há substituto para a honestidade. A pessoa pode ser desonesta temporariamente por força das circunstâncias, sobre as quais ela não tem controle, sem causar prejuízo permanente. Mas não há esperança para a pessoa que é desonesta por escolha. Cedo ou tarde, esses atos a alcançarão, e a pessoa pagará com perda de reputação, e talvez até perda da liberdade.

24. *Egoísmo e vaidade.* Essas duas qualidades servem como sinal vermelho que avisa os outros para manter distância. Elas são fatais para o sucesso.

25. *Adivinhar em vez de pensar.* A maioria das pessoas é indiferente ou preguiçosa demais para adquirir fatos para pensar com precisão. Elas preferem agir sobre opiniões criadas por adivinhação ou julgamento rápido.

26. *Falta de capital.* Essa é uma causa comum de fracasso entre aqueles que começam um negócio pela primeira vez, sem reserva suficiente de capital para absorver o choque dos erros, e para conduzi-lo até que tenham estabelecido reputação.

Capítulo 8

PERSISTÊNCIA: O OITAVO PASSO RUMO À RIQUEZA

Persistência: o esforço contínuo necessário para induzir a fé

A *persistência* é um fator essencial no procedimento de transmutar o *desejo* em seu equivalente monetário. A base da persistência é o *poder da força de vontade.*

A força de vontade e o desejo, quando devidamente combinados, formam um par irresistível. Esse equívoco originou-se do hábito de Ford de conduzir todos os seus planos com persistência. A maioria das pessoas está pronta para lançar fora seus objetivos e propósitos e desistir ao primeiro sinal de oposição ou infortúnio. Alguns seguem adiante apesar de toda oposição, até que alcançam sua meta. Esses poucos são Fords, Carnegies, Rockefellers e Edisons, e muitos homens e mulheres de sucesso de hoje em dia.

Pode não haver uma conotação heroica na palavra "persistência", mas essa qualidade é, para o caráter dos humanos, o que o carbono é para o aço. A criação de uma fortuna, em geral, envolve a aplicação de todos os treze fatores desta filosofia. Esses princípios, ou passos, devem ser entendidos; devem ser aplicados com persistência por todos que querem juntar dinheiro.

Se você está acompanhando este livro com a intenção de aplicar o conhecimento que ele transmite, o primeiro teste para a sua persistência virá quando você começar a tomar atitude com relação aos seis passos descritos no primeiro capítulo. A não ser que você seja um dos dois a cada cem que já têm uma *meta definida* que está mirando, e um *plano definido* para alcançá-la, pode acabar lendo as instruções e seguindo com sua rotina diária – sem jamais obedecer às instruções.

A falta de persistência pode ser dominada; ela depende inteiramente da intensidade do seu desejo

O autor está checando você, neste momento, porque a falta de persistência é uma das maiores causas de fracasso. Além disso, a experiência com milhares de pessoas provou que a falta de persistência é uma fraqueza comum à maioria das pessoas. É uma fraqueza, no entanto, que pode ser superada com esforço. A tranquilidade com que a falta de persistência pode ser dominada depende inteiramente da intensidade do seu desejo.

O ponto inicial de toda realização é o desejo. Tenha isso sempre em mente. Desejos fracos trazem resultados fracos, assim como uma pequena quantia de fogo gera uma quantia pequena de calor. Se você se flagrar com falta de persistência, essa fraqueza pode ser remediada por gerar um fogo mais forte sob os seus desejos.

Continue a ler até o fim deste livro, depois volte ao Capítulo 1 e comece imediatamente a executar as instruções dadas em conexão com os seis passos da seção "Tome uma atitude". A avidez com que você segue essas instruções indicará claramente quanto, ou quão pouco, você realmente deseja juntar dinheiro. Se você descobrir que é indiferente, pode ter certeza de que ainda não adquiriu a "consciência do dinheiro" que deve ter antes que possa ter certeza de que juntará dinheiro.

As fortunas fluem para as pessoas cuja mente foi preparada para "atraí-las", tão certamente quanto a água flui para o oceano. Em *Quem pensa enriquece,* e neste livro de atividades, pode-se encontrar todo o estímulo necessário para sintonizar qualquer mente normal às vibrações que atrairão o objeto dos seus desejos.

Se você descobrir que é fraco em persistência, concentre a atenção nas instruções contidas no próximo capítulo, que foca no poder do MasterMind. Cerque-se com um grupo de MasterMind, e por meio dos esforços cooperativos dos membros desse grupo você desenvolverá a persistência. Você encontrará instruções adicionais para o desenvolvimento da persistência nos capítulos que tratam da autossugestão (Capítulo 3) e da mente subconsciente (Capítulo 11). Siga as instruções delineadas nesses capítulos até que a natureza do hábito passe para a mente subconsciente uma imagem clara do objeto do seu desejo. Desse ponto em diante, você não será mais prejudicado pela falta de persistência.

Sua mente subconsciente trabalha continuamente – enquanto você está acordado e enquanto está dormindo.

Esforço espasmódico ou ocasional para aplicar as regras não será de valor nenhum para você. Para obter resultados, você deve aplicar todas as regras até que a aplicação se torne um hábito fixo em você. De nenhum outro modo você poderá desenvolver a consciência do dinheiro.

Sem persistência, você será derrotado antes mesmo de começar. Com persistência, você vencerá

A pobreza é atraída por qualquer pessoa cuja mente é favorável a ela, assim como o dinheiro é atraído por qualquer um cuja mente foi deliberadamente preparada para atraí-lo, e pelas mesmas leis. A consciência da pobreza tomará voluntariamente a mente que não foi ocupada pela consciência do dinheiro. A consciência da pobreza se desenvolve sem aplicação consciente de hábitos favoráveis a ela. A consciência do dinheiro deve ser criada, a não ser que a pessoa tenha nascido com tal consciência.

Capte todo o significado das afirmações do parágrafo precedente e você entenderá a importância da persistência em juntar fortuna. Sem persistência, você será derrotado antes mesmo de começar. Com persistência, você vencerá.

Se algum dia você já teve um pesadelo, entenderá o valor da persistência. Você está deitado na cama, meio acordado, com uma sensação de que está prestes a sufocar. Você não consegue se virar, nem mexer um músculo sequer. Você entende que *deve começar a recobrar o controle* dos seus músculos. Por meio de esforço persistente de força de vontade, você estende o seu controle para os músculos de um braço até poder levantá-lo. Depois ganha controle sobre o outro braço, da mesma maneira. Finalmente ganha controle sobre os músculos de uma perna, depois o estende para a outra perna. E então, com esforço supremo de força de vontade, recobra o controle completo do seu sistema muscular e *sai,* num estalo, do pesadelo. O truque foi executado passo a passo.

Talvez você descubra que é necessário *sair num estalo* da sua inércia mental por um procedimento similar – movendo-se devagar, no começo, depois aumentando a velocidade até ganhar controle completo sobre a sua vontade. Seja persistente, por mais lentamente que você tenha que se mover no início. Com a persistência vem o sucesso.

Com a persistência vem o sucesso

Se você selecionar seu grupo de MasterMind com cuidado, terá nele pelo menos uma pessoa que o ajudará a desenvolver sua persistência. Algumas pessoas que juntaram grandes fortunas o fizeram por causa da necessidade. Elas desenvolveram o hábito da persistência porque foram motivadas tão de perto pelas circunstâncias que tiveram que se tornar pessoas persistentes.

Não há substituto para a persistência! Ela não pode ser suplantada por nenhuma outra qualidade! Lembre-se disso, e quem sabe será confortado, no início, quando o caminho lhe parecer difícil e moroso.

Quem cultivou o hábito da persistência aprecia uma sensação de segurança contra o fracasso. Não importa quantas vezes são derrotados, eles finalmente chegam ao topo da escada. Às vezes parece que tem um guia escondido cujo dever é testar as pessoas com todo tipo de experiência desencorajadora. Aqueles que se recuperam depois de uma derrota e continuam tentando, chegam; e o mundo clama: "Bravo! Eu sabia que você conseguiria!". O guia escondido não permite que ninguém aprecie grandes realizações sem passar pelo teste de persistência. Aqueles que não passam pelo teste simplesmente não passam de série.

Aqueles que passam são recompensados de acordo, por sua persistência. Eles recebem, como compensação, qualquer meta que estejam perseguindo. E isso não é tudo! Eles recebem algo infinitamente mais importante do que compensação material – o conhecimento de que "Todo fracasso traz consigo a semente de uma vantagem equivalente".

PONTOS IMPORTANTES

- A base da persistência é o poder da força de vontade.
- A maioria das pessoas está pronta para lançar fora seus objetivos e propósitos e desistir ao primeiro sinal de oposição ou infortúnio.
- Pode não haver a menor conotação heroica na palavra "persistência", mas a qualidade está para o caráter dos humanos como o carbono está para o aço.
- A falta de persistência é uma das maiores causas do fracasso.
- Se você se descobrir com falta de persistência, essa fraqueza pode ser remediada criando um fogo mais forte sob os seus desejos.
- Sem persistência, você será derrotado antes de começar. Com persistência, vencerá.
- Não há substituto para a persistência.
- Aqueles que cultivam o hábito da persistência apreciam uma sensação de segurança contra o fracasso.

TOME UMA ATITUDE

Tome uma atitude para desenvolver o hábito da persistência estudando e seguindo estes quatro passos simples. Eles não demandam grande quantia de inteligência e nenhum nível específico de instrução – apenas tempo e esforço:

1. Um propósito definido apoiado por um desejo ardente para que ele seja alcançado.

2. Um plano definido expressado com ação contínua.

3. Uma mente bem fechada para todas as influências negativas e desencorajadoras, incluindo sugestões negativas de familiares, amigos e conhecidos.

4. Uma aliança amigável com uma ou mais pessoas que o encorajarão a persistir em seu plano e em seu propósito.

Capítulo 9

O PODER DO MASTERMIND: O NONO PASSO RUMO À RIQUEZA

A força motivadora

O MasterMind pode ser definido como "Coordenação de conhecimento e esforço, em um espírito de harmonia entre duas ou mais pessoas, para alcançar um propósito definido".

Para ter grande poder, você deve se valer do princípio do MasterMind. Num capítulo precedente, foram dadas instruções para a criação de *planos* para o propósito de traduzir o *desejo* em seu equivalente monetário. Se você executar essas instruções com *persistência* e inteligência, e usar discriminação na seleção do seu grupo de MasterMind, estará a meio caminho de alcançar seu objetivo antes mesmo de começar a perceber isso.

Para poder entender melhor as potencialidades "intangíveis" do poder disponível para você por um grupo de MasterMind, aqui explicaremos as duas características do princípio do MasterMind, uma das quais é de natureza *econômica*, e a outra, *psíquica*. O fator econômico é óbvio. Vantagens econômicas podem ser criadas por pessoas que se cercam de conselhos e cooperação pessoal de um grupo disposto a emprestar apoio de coração, num espírito de *perfeita harmonia*. Essa forma de aliança cooperativa foi a base de quase todas as grandes fortunas. Seu entendimento dessa grande verdade pode determinar definitivamente o seu *status* financeiro.

Duas características do princípio do MasterMind: econômico e psíquico

A fase psíquica do princípio do MasterMind é muito mais abstrata, muito mais difícil de compreender, porque referencia forças espirituais com as quais a raça humana, como um todo, não tem muita familiaridade. Talvez você capte uma sugestão significativa desta afirmação: "Nunca duas mentes se juntam sem, por consequência, criar uma terceira força invisível e intangível que pode ser comparada a uma terceira mente".

Tenha em mente o fato de que há apenas dois elementos conhecidos em todo o universo – energia e matéria. É fato muito bem conhecido que a matéria pode ser quebrada em unidades de moléculas, átomos e elétrons. Há unidades de matéria que podem ser isoladas, separadas e analisadas.

Igualmente, há unidades de energia.

A mente humana é uma forma de energia, e parte dela é de natureza espiritual. Quando as mentes de duas pessoas são coordenadas num *espírito de harmonia*, as unidades espirituais de energia de cada mente formam uma afinidade que constitui a fase psíquica do MasterMind.

O princípio do MasterMind, ou seu traço econômico, foi colocado em evidência pela primeira vez por Andrew Carnegie. A descoberta desse princípio foi responsável pela escolha do trabalho da minha vida.

O grupo de MasterMind do Sr. Carnegie consistia em aproximadamente cinquenta homens dos quais ele se cercou para o *propósito definido* de produzir e vender aço. Ele atribuiu toda a sua fortuna ao poder que tinha acumulado por meio do seu MasterMind.

Analise o registro de qualquer um que juntou uma grande fortuna, e muitos dos quais acumularam fortunas modestas, e você descobrirá que eles empregaram o princípio do MasterMind consciente ou inconscientemente.

Grande poder e sucesso podem ser acumulados com o princípio do MasterMind

A *energia* é o conjunto universal da natureza de blocos de construção, com os quais é construída toda coisa material do universo, incluindo a humanidade, e toda forma de vida animal e vegetal. Por meio de um processo que somente a natureza entende, a energia é traduzida em matéria.

Os blocos de construção da natureza estão disponíveis para a humanidade na energia envolvida em *pensar*! Seu cérebro pode ser comparado a uma bateria elétrica. Ele absorve energia do éter, que permeia cada átomo de matéria e preenche todo o universo.

É fato muito conhecido que um grupo de baterias elétricas proverá mais energia do que uma bateria só. Sabe-se muito bem, também, que uma bateria individual proverá energia em proporção ao número e à capacidade das células que ela contém.

O cérebro funciona de modo similar. Isso responde pelo fato de que alguns cérebros são mais eficientes do que outros, e leva a esta significante afirmação: um grupo de cérebros coordenados (ou conectados) num espírito de harmonia proverá mais energia de pensamento do que um cérebro só, assim como um grupo de baterias elétricas proverá mais energia do que uma bateria só.

Com essa metáfora, fica óbvio, imediatamente, que o princípio do MasterMind detém o segredo do poder brandido por pessoas que se cercam com o cérebro de outras pessoas.

Segue-se, agora, outra afirmação que levará ainda mais para perto de um entendimento da fase física do princípio do MasterMind: quando um grupo de cérebros individuais é coordenado e funciona em harmonia, a energia aumentada criada por essa aliança fica disponível para todo cérebro individual do grupo.

As pessoas assumem a natureza, os hábitos e o poder de pensamento daqueles com quem se associam num espírito de simpatia e harmonia

Henry Ford atacou a pobreza, a falta de instrução e a ignorância aliando-se a grandes mentes cujas vibrações de pensamento ele absorveu para a sua mente. Por meio de sua associação com Edison, Burbank, Burroughs e Firestone, o Sr. Ford acrescentou ao poder do próprio cérebro a soma e a substância da inteligência, da experiência, do conhecimento e das forças espirituais desses quatro homens. E mais, ele se apropriou e fez uso do princípio do MasterMind por meio dos métodos de procedimento descritos neste livro. *Esse princípio está disponível para você!*

PONTOS IMPORTANTES

- Nunca duas mentes se juntam sem criar uma terceira força invisível e intangível que se equipara a uma terceira mente.
- Quando as mentes de duas pessoas são coordenadas num espírito de harmonia, a energia espiritual de cada mente forma uma afinidade que constitui a fase psíquica do MasterMind.
- Analise os registros de todos que juntaram grandes fortunas e você descobrirá que eles empregaram, consciente ou inconscientemente, o princípio do MasterMind.
- Um grupo de cérebros coordenados num espírito de harmonia proverá mais energia de pensamento do que um cérebro só.
- O princípio do MasterMind detém o segredo do poder brandido pelas pessoas que se cercam com os cérebros de outras pessoas.
- As pessoas assumem a natureza, os hábitos e o poder do pensamento daqueles com quem se associam num espírito de simpatia e harmonia.

TOME UMA ATITUDE

Porque o poder é essencial para o sucesso ao juntar dinheiro, os *planos* ficam inertes e inúteis sem poder suficiente para traduzi-los para a ação. E porque o *poder* é definido como "conhecimento organizado e direcionado com inteligência", é importante examinar as fontes do conhecimento – e depois colocar todo esse *conhecimento em ação:*

- *Inteligência Infinita.* Essa fonte de conhecimento é absorvida pelo procedimento descrito no Capítulo 11, com a ajuda da imaginação criativa.
- *Experiência acumulada.* A experiência acumulada de uma pessoa (ou aquela porção que foi organizada e registrada) pode ser encontrada em qualquer biblioteca pública bem equipada e em fontes confiáveis na internet. Uma parte importante dessa experiência acumulada é ensinada em escolas e faculdades públicas, onde foi classificada e organizada.
- *Experimento e pesquisa.* Na área da ciência, e em praticamente todas as outras áreas da vida, as pessoas estão juntando, classificando e organizando novos fatos diariamente. Essa é a fonte para a qual voltar-se quando o conhecimento não está disponível pela "experiência acumulada". Aqui também a imaginação criativa deve sempre ser usada.

O conhecimento pode ser adquirido de qualquer uma dessas três fontes e convertido em *poder*, sendo organizado em diferentes *planos*, e expressando-se esses planos em *ações.*

Um exame dessas três fontes maiores de conhecimento revelará prontamente a dificuldade que você pode ter se depender somente dos seus esforços para reunir conhecimento e expressá-lo por meio de planos definidos em ações. Se seus planos forem abrangentes, e se contemplarem grandes proporções, você deve induzir outras pessoas a cooperar antes que possa injetar neles o elemento necessário de poder. Descreva a seguir o seu grupo ideal de MasterMind e por que você escolheu cada membro.

Capítulo 10

O MISTÉRIO DO SEXO: O DÉCIMO PASSO RUMO À RIQUEZA

O mistério da transmutação do sexo

O significado da palavra "transmutar" é, em linguagem simples, "mudança, transferência de um elemento, ou forma de energia, a outro".

A emoção do sexo traz à existência um estado de espírito. Por causa da ignorância, esse estado de espírito é geralmente associado com o físico, e, por causa de influências impróprias às quais a maioria das pessoas foi sujeitada ao adquirir conhecimento sobre sexo, coisas essencialmente físicas foram extensivamente enviesadas na mente. Este capítulo foca os homens, mas as mulheres podem obter muito conhecimento e *insight* dele também.

Por trás da emoção do sexo está a possibilidade de três potencialidades construtivas:

1. A perpetuação da humanidade.

2. A manutenção da saúde – como agente terapêutico, não tem igual.

3. A transformação da mediocridade em algo genial por meio da transmutação.

A transmutação do sexo é simples e facilmente explicada. Significa uma troca na mente de pensamentos de expressão física para pensamentos de outra natureza.

O desejo sexual é o mais poderoso dos desejos humanos. Quando motivado por esse desejo, os homens, principalmente, desenvolvem agudez de imaginação, coragem, força de vontade, persistência e habilidade criativa que não têm em outros momentos. Tão forte e incitante é o desejo do contato sexual que os homens colocam em risco, por vontade própria, a vida e a reputação para apreciá-lo. Quando reunida e redirecionada por outras linhas, essa força motivadora mantém todos os seus atributos de agudez de imaginação, coragem etc., que podem ser usados como poderosas forças criativas na literatura, arte ou em qualquer outra profissão ou vocação, incluindo, claro, juntar riqueza.

A transmutação da energia sexual depende do exercício da força de vontade, sem dúvida, mas a recompensa vale o esforço. O desejo da expressão sexual é nato e natural. Esse desejo não pode e não deveria ser submerso ou eliminado. Mas deveria receber vazão através de formas de expressão que enriquecem o corpo, a mente e o espírito. Se não tiver essa forma de vazão por meio da transmutação, ele buscará a vazão por canais puramente físicos.

Forneça vazão para a energia sexual por meio de expressões que enriquecem o corpo, a mente e o espírito

Um rio pode ser barrado, e suas águas, controladas, por certo tempo, mas em algum momento ele forçará a vazão. O mesmo vale para a emoção do sexo. Ela pode ser submersa e controlada por um tempo, mas sua natureza a faz estar sempre buscando formas de expressão. Se não for transmutada em alguma atividade criativa, ela encontrará vazão menos valiosa.

Afortunada, de fato, é a pessoa que descobriu como dar vazão à emoção do sexo por meio de alguma atividade criativa, pois com essa descoberta essa pessoa foi elevada ao *status* de gênio.

Pesquisas científicas revelaram estes fatos significantes:

1. Os homens que fazem grandes realizações são homens com natureza sexualmente muito desenvolvida; homens que aprenderam a arte da transmutação do sexo.

2. Os homens que juntaram grandes fortunas e alcançaram notável reconhecimento na literatura, na arte, na indústria, na arquitetura e nas profissões foram motivados pela influência de uma mulher.

A pesquisa pela qual essas descobertas excepcionais foram feitas reviu as páginas da biografia e da história por mais de dois mil anos. Onde quer que houvesse evidência disponível em conexão com as vidas de homens e mulheres de grandes realizações, ela indicava de modo muito convincente que eles tinham natureza sexual muito desenvolvida.

A emoção do sexo é uma "força irresistível" contra a qual não pode haver oposição como um "corpo imóvel". Quando motivados por essa emoção, os homens tornam-se dotados de um superpoder para a ação. Entenda essa verdade e você vai captar a importância da afirmação de que a transmutação do sexo o levará ao *status* de um gênio.

A emoção do sexo contém o segredo da habilidade criativa

Destrua as gônadas sexuais, em homens ou mulheres, e você terá removido a maior fonte de ação. Como prova disso, observe o que acontece a qualquer animal depois de ser castrado. Um touro fica dócil como uma vaca depois de ter sido alterado sexualmente. A alteração sexual tira do homem, seja humano ou fera, toda a luta que existe nele. A alteração do sexo na fêmea tem o mesmo efeito.

Os dez estímulos mentais

A mente humana responde a estímulos, por meio dos quais pode ser elevada a altas frequências de vibração conhecidas como entusiasmo, imaginação criativa, desejo intenso etc. Os estímulos aos quais a mente responde mais livremente são:

1. O desejo da expressão sexual

2. Amor

3. Um desejo ardente de ter fama, poder ou ganho financeiro, dinheiro

4. Música

5. Amizade

6. Uma Aliança Mestre baseada na harmonia de duas ou mais pessoas que se aliam para um avanço espiritual ou temporal

7. Sofrimento mútuo, como o vivenciado por pessoas que são perseguidas

8. Autossugestão

9. Medo

10. Narcóticos e álcool

O desejo da expressão sexual fica no topo da lista de estímulos que mais eficientemente elevam as vibrações da mente e disparam as "rodas" da ação física. Oito desses estímulos são naturais e construtivos. Dois são destrutivos.

A lista é apresentada para o propósito de permitir que você faça um estudo comparativo das maiores fontes da estimulação mental. Já deu para ver que a emoção do sexo é, com grande diferença, o mais intenso e poderoso de todos os estímulos mentais.

PONTOS IMPORTANTES

- A transmutação do sexo significa trocar na mente pensamentos de expressão física para pensamentos de alguma outra natureza.
- O desejo sexual é o mais poderoso desejo humano.
- Quando motivadas pelo desejo sexual, as pessoas desenvolvem agudez de imaginação, coragem, força de vontade, persistência e habilidade criativa desconhecidas por elas até então.
- A transmutação da energia sexual demanda o exercício da força de vontade, mas a recompensa vale o esforço.
- O mundo é governado pelas emoções humanas.
- A intemperança nos hábitos sexuais é tão prejudicial quanto a intemperança em hábitos de consumir álcool e comer.

TOME UMA ATITUDE

Você está tirando vantagem do poder da energia sexual transmutando-a de maneiras construtivas? Esse poder pode ser comunicado aos outros por meio de:

1. *Um aperto de mão.* O toque da mão indica, no mesmo instante, a presença do magnetismo ou a falta dele.

2. *Seu tom de voz.* Magnetismo, ou energia sexual, é o fator com o qual a voz pode ser colorida, ou feita musical e charmosa.

3. *Sua postura e o modo como você se conduz.* Pessoas que são muito sexuais se movem com vigor, graça e leveza.

4. *Vibrações de pensamento.* Pessoas que são muito sexuais misturam a emoção do sexo com seus pensamentos e influenciam todos ao redor.

5. *Adornos corporais.* Pessoas que são muito sexuais são geralmente muito cuidadosas com a aparência pessoal. Elas em geral selecionam um estilo de vestimenta que incrementa sua personalidade, corpo, pele etc.

6. *Quando empregam sócios de vendas, os gerentes de vendas habilidosos procuram a qualidade do magnetismo pessoal como primeiro requerimento.* Pessoas que carecem da energia sexual jamais vão se entusiasmar nem vão inspirar os outros com entusiasmo – e o entusiasmo é um dos requisitos mais importantes de um vendedor, seja o que for que ele esteja vendendo. Vendedores muito bem-sucedidos obtêm o *status* de "mestre" porque, consciente ou inconscientemente, transmutam a energia do sexo em entusiasmo para vender!

Você adquiriu esse traço? Escreva umas ideias sobre o que transmutação de sexo significa para você e como você pode aplicá-la na sua vida.

Capítulo 11

A MENTE SUBCONSCIENTE: O DÉCIMO PRIMEIRO PASSO RUMO À RIQUEZA

A ligação que conecta

A mente subconsciente consiste em um campo de consciência em que cada impulso de pensamento que alcança a mente objetiva, por meio dos cinco sentidos, é classificado e registrado, e do qual os pensamentos podem ser relembrados e retirados, como cartas que são tiradas de um arquivo.

A mente subconsciente recebe e arquiva impressões sensoriais ou pensamentos, a despeito de sua natureza. Você pode plantar *voluntariamente* na sua mente subconsciente um plano, pensamento ou propósito que você deseja traduzir em seu equivalente físico ou monetário. O subconsciente age primeiro nos desejos dominantes que foram misturados com sentimentos e emoções, como a fé.

Considere isso em conexão com as instruções dadas no Capítulo 1, sobre o desejo, para dar os seis passos delineados aqui, e as instruções dadas no capítulo sobre projetar planos, e você entenderá a importância do pensamento transmitido.

A mente subconsciente funciona dia e noite

Por meio de um método de procedimento, desconhecido pela humanidade, a mente subconsciente alcança as forças da Inteligência Infinita pelo poder com o qual ela transmuta, involuntariamente, os desejos de alguém em seu equivalente físico, fazendo uso sempre do meio mais prático pelo qual esse fim é realizado.

Você não consegue controlar totalmente a sua mente subconsciente, mas pode voluntariamente entregar para ela qualquer plano, desejo ou propósito que queira ver transformado em forma concreta. Leia novamente as instruções para usar a mente subconsciente no Capítulo 3, sobre autossugestão.

Existe evidência suficiente para sustentar a crença de que a mente subconsciente é a ligação que conecta a mente finita dos humanos à Inteligência Infinita. É o intermediário por meio do qual podemos nos valer das forças da Inteligência Infinita à vontade. Ela contém, sozinha, o processo secreto pelo qual os impulsos mentais são modificados e transformados em seu equivalente espiritual. Ela sozinha é o meio pelo qual a oração pode ser transmitida para a Fonte capaz de responder à oração.

As possibilidades do esforço criativo conectadas com a mente subconsciente são estupendas e imponderáveis. Elas nos inspiram com admiração.

Nunca abordo a discussão da mente subconsciente sem a sensação de falta de instrução e inferioridade devido, talvez, ao fato de que todo o nosso estoque de conhecimento acerca desse assunto é tão tristemente limitado. O próprio fato de que a mente subconsciente é o meio de comunicação entre a mente pensante dos humanos e a Inteligência Infinita é, em si, um pensamento que quase paralisa a razão de uma pessoa.

Depois que você aceitou como realidade a existência da mente subconsciente e entende suas possibilidades como meio de transmutar seus desejos em seu equivalente físico ou monetário, compreenderá a importância total das instruções dadas no Capítulo 1, sobre o desejo. Você entenderá também por que foi repetidamente incentivado a *deixar claros os seus desejos e reduzi-los à forma escrita.* Entenderá também a necessidade de persistência ao executar as instruções.

Os treze princípios, ou passos, são os estímulos com os quais você adquire a habilidade de alcançar e influenciar sua mente subconsciente. Não fique desencorajado se não conseguir fazer isso na primeira tentativa. Lembre-se de que a mente subconsciente pode ser direcionada voluntariamente apenas com o hábito, sob as direções dadas no Capítulo 2, sobre fé. Você ainda não teve tempo de dominar a fé. Seja paciente. Seja persistente.

Não se deixe desencorajar. Seja paciente. Seja persistente

Muitas das afirmações dos capítulos sobre fé e autossugestão serão repetidas aqui, para o benefício da sua mente subconsciente. Lembre-se de que a sua mente subconsciente funciona voluntariamente, você fazendo algum esforço para influenciá-la ou não. Isso, naturalmente, sugere a você que pensamentos de medo e pobreza e todos os pensamentos negativos servem como estímulos para a sua mente subconsciente – a não ser que você domine esses impulsos e lhes dê alimento mais interessante com o qual se nutrir.

A mente subconsciente não ficará à toa! *Se você não conseguir plantar desejos* na sua mente subconsciente, ela se alimentará dos pensamentos que chegam até ela por causa da sua negligência. Já explicamos que os impulsos de pensamentos, tanto negativos quanto positivos, estão chegando à mente subconsciente continuamente de quatro fontes mencionadas no capítulo sobre transmutação do sexo.

Por ora, é suficiente que você se lembre de que vive diariamente em meio a todo tipo de impulso de pensamento que chega à sua mente subconsciente sem que você saiba. Alguns desses impulsos são negativos, alguns são positivos. Agora você está engajado em tentar conter o fluxo de impulsos negativos e influenciando propositalmente a sua mente subconsciente por meio de impulsos positivos de desejo positivo e deliberado.

Quando você alcançar isso, possuirá a chave que destranca a porta da sua mente subconsciente. Além disso, controlará a porta tão completamente que nenhum pensamento indesejável influenciará a sua mente subconsciente.

Controle a mente para que nenhum pensamento indesejável entre na sua mente subconsciente

A mente subconsciente é mais suscetível à influência de impulsos de pensamento misturados com "sentimento" ou emoção do que daqueles que se originam na porção do raciocínio da mente. Na verdade, há muita evidência que sustenta a teoria de que *somente* os pensamentos emocionalizados têm alguma *influência ativa* na mente subconsciente. É fato muito conhecido que a emoção, ou o sentimento, governa a maioria das pessoas.

Se é verdade que a mente subconsciente responde mais rapidamente aos – e é influenciada mais prontamente pelos – impulsos de pensamento que são bem misturados à emoção, é essencial ter familiaridade com as mais importantes das emoções. Existem sete emoções positivas maiores e sete emoções negativas maiores. As negativas injetam-se voluntariamente nos impulsos de pensamento, o que garante sua passagem para a mente subconsciente. As positivas devem ser injetadas pelo princípio de autossugestão, nos impulsos de pensamento que queremos passar para a nossa mente subconsciente. (Foram dadas instruções no Capítulo 3, sobre autossugestão.)

Essas emoções, ou impulsos de pensamento, podem ser comparadas ao fermento numa massa de pão, porque elas constituem o elemento de *ação* que transforma os impulsos de pensamento de estado passivo em ativo. Assim, podemos entender por que os impulsos de pensamento que foram bem misturados com a emoção recebem ação mais prontamente do que os impulsos de pensamento que se originam na "razão fria".

Você está se preparando para influenciar e controlar o "público interno" da sua mente subconsciente no intuito de lhe entregar o desejo de sucesso, que você quer ver transmutado em seu equivalente monetário. É essencial, portanto, que você entenda o método de abordagem do seu "público interno". Você deve falar a linguagem dele, ou ele não ouvirá o que você diz. Ele entende melhor a linguagem da emoção ou do sentimento.

Vamos examinar as sete maiores emoções positivas e as sete maiores emoções negativas, para que você possa se valer das positivas e evitar as negativas quando der instruções à sua mente subconsciente.

As sete maiores emoções positivas

1. Desejo
2. Fé
3. Amor
4. Sexo
5. Entusiasmo
6. Romance
7. Esperança

Existem outras emoções positivas, mas essas são as sete mais poderosas, e as mais comumente usadas no esforço criativo. Domine essas sete emoções (elas podem ser dominadas somente pelo *uso*), e as outras emoções positivas estarão sob o seu comando quando você precisar delas. Você está estudando um livro que pretende ajudá-lo a desenvolver a "consciência do dinheiro", enchendo a sua mente com emoções positivas. Você não terá consciência do dinheiro se encher a sua mente de emoções negativas.

As sete maiores emoções negativas – a serem evitadas

1. Medo
2. Inveja
3. Ódio
4. Vingança
5. Ganância
6. Superstição
7. Raiva

As emoções positivas e as negativas não podem ocupar a mente ao mesmo tempo. Uma ou outra deve dominar. É responsabilidade sua garantir que as emoções positivas constituam a influência dominante sobre a sua mente. Aqui a lei do *hábito* vem para ajudá-lo. **Forme o hábito de aplicar e usar emoções positivas!** Em algum momento elas dominarão a sua mente tão completamente que as negativas não poderão entrar.

Somente seguindo esse processo literal e continuamente você pode ganhar controle sobre a sua mente subconsciente. A presença de uma emoção negativa que seja na sua mente subconsciente basta para destruir todas as chances de você receber ajuda construtiva da sua mente subconsciente.

PONTOS IMPORTANTES

- Você não pode controlar totalmente a sua mente subconsciente, mas pode voluntariamente lhe entregar qualquer plano, desejo ou propósito que queira transformar em sua versão concreta.
- As possibilidades do esforço criativo conectadas com a mente subconsciente são estupendas.
- Não se sinta desencorajado se não puder controlar o seu subconsciente na primeira vez que tentar. Ele pode ser direcionado somente com o hábito.
- Lembre-se de que a sua mente subconsciente funciona voluntariamente, você se esforçando para influenciá-la ou não.
- Os pensamentos negativos servem como estímulo para a sua mente subconsciente, a não ser que domine esses impulsos e dê a ela alimento mais interessante.

TOME UMA ATITUDE

Seguem grandes e importantes atributos da liderança. Escolha sete desses atributos e resolva fazer deles hábitos diários – parte da sua mentalidade e do seu estilo de vida.

☐ *Coragem que não vacila*, baseada no conhecimento de si mesmo e da sua ocupação. Nenhum seguidor quer ser dominado por um líder que carece de autoconfiança e coragem. Nenhum seguidor inteligente será dominado por um líder como esse por muito tempo.

- ☐ *Autocontrole.* As pessoas que não conseguem se controlar jamais poderão controlar as outras. O autocontrole estipula um exemplo poderoso para os seguidores, que o mais inteligente vai emular.
- ☐ *Um senso agudo de justiça.* Sem senso de justiça, líder nenhum poderá comandar e reter o respeito dos seguidores.
- ☐ *Definição da decisão.* Quem vacila na decisão mostra que não tem certeza de si mesmo. Não consegue ter sucesso ao liderar os outros.
- ☐ *Definição de planos.* Líderes de sucesso devem planejar seu trabalho, e trabalhar em seus planos. Líderes que se movem seguindo conjeturas, sem planos práticos e definidos, são comparáveis a um navio sem timão. Cedo ou tarde ele vai parar nas rochas.
- ☐ *O hábito de fazer mais do que alguém é pago para fazer.* Uma das penalidades da liderança é a necessidade de estar disposto, da parte do líder, a fazer mais do que é requisitado dos seguidores.
- ☐ *Personalidade agradável.* Nenhuma pessoa desleixada, descuidada, pode se tornar um líder de sucesso. A liderança demanda respeito. Os seguidores não respeitarão um líder que não tira notas altas em todos os fatores de uma personalidade agradável.
- ☐ *Simpatia e compreensão.* O líder de sucesso deve ter simpatia pelos seguidores. Mais ainda, os bons líderes devem entender seus seguidores e os problemas deles.
- ☐ *Domínio dos detalhes.* A liderança de sucesso demanda o domínio dos detalhes da posição de liderança.
- ☐ *Disponibilidade para assumir a responsabilidade total.* O líder de sucesso deve estar disposto a assumir a responsabilidade

pelos erros e as fraquezas dos seguidores. Se o líder tenta passar essa responsabilidade, não continuará sendo o líder. Se um dos seguidores comete um erro e se mostra incompetente, o líder deve aceitar isso como fracasso ao contratar essa pessoa.

☐ *Cooperação.* O líder de sucesso deve entender e aplicar o princípio do esforço em cooperação e ser capaz de induzir os seguidores a fazer o mesmo. *A liderança demanda poder, e o poder demanda cooperação.*

Capítulo 12

O CÉREBRO: O DÉCIMO SEGUNDO PASSO RUMO À RIQUEZA

O cérebro: a estação de transmissão e recepção de pensamentos

Quando trabalhava com o finado Sr. Alexander Graham Bell e o Dr. Elmer R. Gates, observei que todo cérebro humano é uma estação de transmissão e recepção de vibração de pensamento.

Através do meio que é o éter, de maneira similar à empregada pelo princípio de transmissão do rádio, todo cérebro humano é capaz de captar vibrações de pensamento que estão sendo liberadas por outros cérebros.

Em conexão com a afirmação do parágrafo precedente, compare e considere a descrição da imaginação criativa, conforme delineada no Capítulo 5, sobre a imaginação. A imaginação criativa é o "aparelho receptor" do cérebro, que recebe pensamentos liberados pelo cérebro dos outros. É a agência de comunicação entre a nossa consciência, a mente que raciocina e as quatro fontes das quais podemos receber estímulo em forma de pensamento.

Quando estimulada, ou "elevada" para uma frequência de vibração mais alta, a mente fica mais receptiva à vibração de pensamento que chega até ela através do éter, vinda de fontes exteriores. Esse processo de "elevação" ocorre por meio das emoções positivas ou das emoções negativas. Pelas emoções, as vibrações de pensamento podem ser elevadas.

Vibrações de frequência extremamente alta são as únicas vibrações captadas e conduzidas pelo éter, de um cérebro a outro. O pensamento é uma energia que viaja numa frequência de vibração extremamente alta. O pensamento, que foi modificado e "elevado" por qualquer uma das emoções maiores, vibra numa frequência muito mais alta do que o pensamento comum, e é esse tipo de pensamento que passa de um cérebro ao outro por meio do maquinário de transmissão do cérebro humano.

O pensamento é uma energia que viaja numa frequência extremamente alta de vibração

A emoção do sexo fica no topo da lista das emoções humanas no que se refere a intensidade e força de motivação. O cérebro estimulado pela emoção do sexo vibra numa frequência muito mais rápida do que quando essa emoção é quiescente ou está ausente.

O resultado da transmutação do sexo é o aumento da frequência de vibração dos pensamentos até tal ponto que a imaginação criativa se torna altamente receptiva a ideias que capta do éter. Por outro lado, quando o cérebro está vibrando em frequência rápida, ele não somente atrai pensamentos e ideias liberados por outros cérebros através do meio que é o éter, mas também dá aos nossos pensamentos aquele "sentimento" que é essencial antes que esses pensamentos sejam captados e recebam a ação da nossa mente subconsciente.

Assim, você verá que o princípio da transmissão é o fator pelo qual você mistura sentimento ou emoção com seus pensamentos e os passa para a sua mente subconsciente.

A mente subconsciente é a "estação de envio" do cérebro, pela qual vibrações de pensamento são transmitidas. A imaginação criativa é o "aparelho receptor" pelo qual as vibrações de pensamento são captadas do éter.

Junto dos fatores importantes da mente subconsciente e da faculdade da imaginação criativa, que constituem os aparelhos de envio e recepção do seu maquinário de transmissão mental, considere agora o princípio da autossugestão, que é o meio pelo qual você pode colocar em operação a sua estação de "transmissão".

Por meio das instruções descritas no Capítulo 3, sobre autossugestão, você foi informado definitivamente sobre o método pelo qual o desejo pode ser transmutado em seu equivalente monetário.

A operação da sua estação de "transmissão" mental é um procedimento relativamente simples. Você tem três princípios para ter em mente e aplicar quando quiser usar sua estação de transmissão: 1) a mente subconsciente; 2) a imaginação criativa; e 3) a autossugestão. Os estímulos pelos quais você coloca esses três princípios em ação foram descritos – o procedimento começa com o desejo.

Se você entende o princípio descrito no Capítulo 9, sobre o MasterMind, claro que reconhece o procedimento circular aqui descrito como sendo uma aplicação prática do MasterMind.

Esse método de estímulo mental, por meio de discussão harmoniosa de assuntos definidos entre três pessoas, ilustra o uso mais simples e mais prático do MasterMind.

Adotando e seguindo um plano similar, qualquer aluno desta filosofia pode tomar posse da famosa fórmula de Carnegie brevemente descrita em capítulos anteriores.

PONTOS IMPORTANTES

- Todo cérebro humano é uma estação de transmissão e recepção de vibrações de pensamento.
- A imaginação criativa é o "aparelho receptor" do cérebro, que recebe pensamentos liberados pelo cérebro dos outros.
- Por meio das emoções, as vibrações de pensamento podem ser elevadas.
- O cérebro que foi estimulado pela emoção do sexo vibra numa frequência muito mais rápida do que o faz quando essa emoção está dormente ou ausente.
- O princípio de transmissão é o fator pelo qual você mistura sentimento ou emoção com seus pensamentos e os passa para a sua mente subconsciente.

TOME UMA ATITUDE

Segue uma autoanálise pensada para ajudá-lo a examinar aspectos de si mesmo que você talvez não leve em consideração ou nos quais nunca tenha pensado anteriormente como algo importante para quem você realmente é, aonde realmente quer ir e o que realmente quer realizar na vida. Considere seriamente cada pergunta, responda e então tome uma atitude assim que possível.

1. Eu *alcancei a meta* que estabeleci como meu objetivo para este ano? (Você deveria trabalhar com um objetivo definido anual a ser alcançado como parte do seu objetivo de vida principal.) Escreva seu objetivo anual e descreva os detalhes do seu sucesso ou do seu fracasso em alcançar esse objetivo.

2. Prestei serviços ou entreguei produtos da melhor *qualidade* possível, ou poderia ter melhorado em alguma coisa? Escreva provas do sucesso ou do fracasso nessa área e, finalmente, as maneiras pelas quais pode melhorar a qualidade do serviço.

3. Prestei serviço da maior quantidade possível de que sou capaz? Escreva duas maneiras pelas quais poderia melhorar a qualidade dos seus produtos ou serviços.

4. O *espírito da minha conduta* foi harmonioso e cooperativo o tempo todo? Dê um exemplo de sucesso nessa área e um exemplo de fracasso. Escreva duas maneiras para melhorar o trabalho de equipe dentro da sua empresa.

5. Permiti que o hábito da procrastinação diminuísse a minha eficiência; e, se sim, até que ponto? Escreva sobre um método de reduzir a procrastinação enquanto aumenta a eficiência.

6. Melhorei a minha *personalidade*; e, se sim, de que maneiras? Qual parte da sua personalidade ainda precisa ser melhorada e por quê?

7. Fui *persistente* em seguir meus planos até que fossem completados? Quais são dois exemplos da sua persistência diante da dificuldade ou de obstáculos?

8. Tomei *decisões pronta e definitivamente* em todas as ocasiões? Dê um exemplo de um momento em que você tomou uma decisão rápida e isso afetou positivamente o seu negócio ou trabalho.

9. Permiti que um ou mais dos seis *medos* básicos (discutidos no Capítulo 14) diminuíssem a minha eficiência? O que você fará para confrontar esse medo que avança?

10. Fui "cauteloso demais" ou "cauteloso de menos"? Dê um exemplo de cada um desses no seu trabalho e escreva a ideia do que fazer na próxima vez.

11. O *relacionamento* com os meus sócios foi agradável ou desagradável? Se desagradável, a culpa foi minha em parte ou totalmente? Reflita sobre os relacionamentos no seu trabalho e escreva os detalhes de um relacionamento mais importante que precisa de melhora.

12. Dissipei algo da minha energia por falta de *concentração* ou esforço? Escreva a sua avaliação de sua habilidade de se concentrar.

13. Mantive a *mente aberta e tolerante* na conexão com todos os assuntos? Qual é o assunto que o faz se trancar ou fechar a mente para as possibilidades?

14. De que maneira *melhorei* a minha habilidade de prestar serviço? Escreva uma área importante de desenvolvimento dentro da sua empresa ou local de trabalho.

15. Fui *destemperado* em algum dos meus hábitos? Escreva hábitos ruins que você está tentando superar. Com o que vai substituí-los?

16. Expressei, aberta ou secretamente, alguma forma de *egoísmo*? Escreva duas maneiras pelas quais um senso inflado de importância própria pode desviá-lo do seu negócio ou trabalho.

17. Minha *conduta* com meus sócios induziu-os a me *respeitar*? Escreva duas razões pelas quais você acha que seus sócios o

respeitam. Qual parte da sua conduta pode causar falta de respeito?

18. Minhas opiniões e *decisões* foram baseadas em adivinhação ou precisão de análise e *pensamento*? Escreva um exemplo de processo de tomada de decisão que lhe trouxe resultados de sucesso. Como você pode replicar isso?

19. Segui o *hábito de fazer um orçamento* de tempo, gastos e rendimentos, e fui conservador nesses orçamentos? Você se sai melhor ao gerenciar seu tempo do que suas finanças? Ou o oposto disso? O que pode fazer para melhorar o gerenciamento dessas duas áreas cruciais da sua vida?

20. Quanto tempo devotei para *esforços* não lucrativos que posso ter usado para minha vantagem? Escreva duas empreitadas de trabalho ou negócios que hoje você considera como tempo perdido. O que faria diferente na próxima vez?

21. Como posso *orçar* meu tempo de outro jeito e mudar meus hábitos para ser mais eficiente no ano que vem? Escreva um hábito que você considera desperdício de tempo na sua vida e que você pode superar. Como vai superá-lo?

22. Fui culpado por alguma *conduta* que não foi aprovada pela minha consciência? Existe algo no jeito como você está vivendo com que você não está em paz? O que vai fazer para mudar isso?

23. De que maneiras prestei *mais e melhor serviço* do que me pagaram para prestar? Escreva dois exemplos de ir além.

24. Fui *injusto* com alguém; se sim, de que maneira? Escreva os detalhes da situação e o que pode fazer ou fez para consertar.

25. Se eu fosse o cliente dos meus serviços durante todo o ano, estaria *satisfeito*? Escreva uma avaliação do seu produto ou serviço como se fosse o cliente que paga por ele.

26. Estou na vocação certa; se não, por que não? Se você está na vocação certa, escreva os detalhes de como sabe disso.

27. O cliente que consumiu meus serviços ficou satisfeito com o serviço que prestei; se não, por que não? Escreva uma reclamação ou elogio recebido acerca do seu serviço ou produto.

Capítulo 13

O SEXTO SENTIDO: O DÉCIMO TERCEIRO PASSO RUMO À RIQUEZA

O sexto sentido: a porta para o tempo da sabedoria

O décimo terceiro princípio é conhecido como o sexto sentido, por meio do qual a Inteligência Infinita pode e vai se comunicar voluntariamente, sem esforço nem demandas do indivíduo. Esse princípio é o ápice da filosofia. Ele pode ser assimilado, entendido e aplicado *somente* por quem dominou primeiro os outros doze princípios.

O sexto sentido é aquela porção da mente subconsciente referida como a imaginação criativa. Ele também já foi considerado o "aparelho receptor" pelo qual ideias, planos e pensamentos passam em lampejos para dentro da mente. Os "lampejos" são, às vezes, chamados de "palpites" ou "inspirações".

O sexto sentido desafia a descrição! Ele não pode ser descrito a uma pessoa que não dominou os outros princípios desta filosofia, porque essa pessoa não tem conhecimento nem experiência com a qual o sexto sentido pode ser comparado. O entendimento do sexto sentido vem apenas com a meditação, por meio do desenvolvimento da mente, a partir do interior.

O sexto sentido provavelmente é o meio de contato entre a mente finita dos humanos e a Inteligência Infinita; e, por esse motivo, é uma mistura do mental com o espiritual. Acredita-se que seja o ponto no qual a mente dos humanos contata a Mente Universal.

Por meio do sexto sentido, você será avisado de perigos a tempo de evitá-los e notificado sobre oportunidades a tempo de abraçá-las

Depois que você dominar os princípios descritos neste livro, estará preparado para aceitar como verdade uma afirmação que, de outro modo, seria algo difícil de acreditar, para você: com a ajuda do sexto sentido, você será avisado de perigos iminentes a tempo de evitá-los e notificado de oportunidades a tempo de abraçá-las.

Para ajudá-lo, e para cumprir a função de desenvolver seu sexto sentido, vem um "anjo da guarda" que abrirá para você, o tempo todo, a porta do "Templo da Sabedoria".

Se essa afirmação é verdadeira ou não, você jamais saberá, exceto se seguir as instruções descritas nas páginas deste livro de atividades, ou algum método de procedimento similar.

O autor não acredita nem defende a existência de "milagres", pelo fato de que ele tem conhecimento suficiente sobre a natureza para entender que ela nunca desvia de suas leis estabelecidas. Algumas das leis da natureza são tão incompreensíveis que produzem o que parecem ser "milagres". O sexto sentido chega tão perto de ser um milagre quanto qualquer coisa que eu já vivenciei, e parece que é assim apenas porque não entendo o método pelo qual esse princípio é operado.

Uma coisa este autor sabe: existe um poder, ou uma Primeira Causa, ou uma Inteligência que permeia todo átomo de matéria e abraça cada unidade de energia perceptível para a humanidade; que essa Inteligência Infinita transforma sementes em árvores, faz a água fluir morro abaixo em resposta à lei da gravidade, faz seguir a noite com o dia, e o inverno com o verão, cada um mantendo o seu lugar e sua relação com o outro. Essa Inteligência pode, pelos princípios desta filosofia, ser induzida a ajudar na transmutação de desejos em forma concreta ou material. O autor tem esse conhecimento porque fez experimentos com ele – e teve *experiências com ele.*

Passo a passo, ao longo dos capítulos precedentes, você foi levado até aqui, o último princípio. Se dominou cada um dos princípios precedentes, está preparado agora para aceitar, sem ser cético, as alegações estupendas feitas aqui. Se não dominou os outros princípios, deve fazer isso antes de poder determinar definitivamente se as alegações feitas neste capítulo são fato ou ficção.

O sexto sentido não é algo que você pode tirar e colocar à vontade. A habilidade de usar esse grande poder vem devagar, pela aplicação dos outros princípios delineados neste livro. Raramente um indivíduo vem a ter conhecimento funcional do sexto sentido antes dos quarenta anos de idade. Mais comumente, o conhecimento não está disponível até que a pessoa tenha já seus cinquenta e tantos, e isso pelo motivo de que as forças espirituais com que o sexto sentido está relacionado tão de perto não maturam e se tornam úteis exceto com anos de meditação, autoexame e pensamento sério.

O capítulo sobre o sexto sentido foi incluído porque o livro *Quem pensa enriquece* foi pensado com o propósito de apresentar uma filosofia completa pela qual as pessoas possam inequivocamente guiar-se na obtenção de qualquer coisa que queiram na vida. O ponto inicial de toda realização é o desejo. O ponto final é o tipo de conhecimento que leva ao entendimento – entendimento de si mesmo, entendimento dos outros, entendimento das leis da natureza, reconhecimento e entendimento da felicidade.

PONTOS IMPORTANTES

- O sexto sentido é a porção da mente subconsciente a que se refere como imaginação criativa.
- O entendimento do sexto sentido vem somente com meditação, por meio do desenvolvimento mental, a partir do interior.
- O sexto sentido é uma mistura do mental com o espiritual.
- O sexto sentido não é algo que você pode tirar e colocar à vontade. A habilidade de usar esse grande poder vem devagar, pela aplicação dos outros doze princípios, ou passos.

TOME UMA ATITUDE

Segue uma lista abrangente de mais de cinquenta perguntas que mergulham a fundo no seu ser. Planeje um dia inteiro de calma reflexão, sozinho, para responder todas as perguntas com sinceridade e integralmente. Quando terminar, você terá um olhar todo inclusivo na sua alma, que o ajudará na sua meta de *pensar e enriquecer* em todos os aspectos da sua vida.

1. Você costuma reclamar de se "sentir mal"? Se sim, qual é a causa? De que maneiras pode se fazer sentir melhor?

2. Você faz objeções às outras pessoas ao receber a menor das provocações? De que maneiras pode trabalhar para mudar esse impulso?

3. Você costuma cometer erros no trabalho? Se sim, por quê?

4. Sua conversa é sarcástica e ofensiva?

5. Você evita deliberadamente associar-se com as pessoas? Se sim, por quê?

6. A vida lhe parece fútil, e o futuro, sem esperanças? Se sim, por quê?

7. Você gosta da sua ocupação? Se sim, por quê?

8. Você costuma sentir pena de si mesmo? Se sim, por quê?

9. Você tem inveja de quem é melhor do que você?

10. A qual destes dois você dedica mais tempo do seu pensamento: ao sucesso ou ao fracasso?

11. Você está ganhando ou perdendo autoconfiança conforme envelhece?

12. Você aprende algo de valor com todos os erros?

13. Você está permitindo que algum parente ou conhecido o deixe preocupado? Se sim, por quê?

14. Você fica às vezes "nas nuvens" e em outras vezes nas "profundezas do desânimo"?

15. Quem exerce a influência mais inspiradora em você?

16. Qual é a causa dessa inspiração?

17. Você tolera influências negativas ou desencorajadoras que poderia evitar?

18. Você é descuidado com a sua aparência? Se sim, quando e por quê?

19. Você aprendeu a "afogar as mágoas" ficando ocupado demais para se preocupar com elas?

20. Você permite às vezes que os outros pensem por você?

21. Você negligencia a renovação interior até que a autointoxicação o torna mal-humorado e irritável?

22. Quantas perturbações que há como prevenir o incomodam? Por que você as tolera?

23. Você recorre a bebida, narcóticos e cigarro para "acalmar os nervos"? Se sim, por que não tenta a força de vontade, em vez disso?

24. Alguém o importuna? Se sim, por que motivo?

25. Você tem um propósito maior definido? Se sim, qual é, e qual plano você tem para alcançá-lo?

26. Você sofre com algum dos seis medos básicos (discutidos no Capítulo 14)? Se sim, quais?

27. Você tem um método para se blindar contra a influência negativa dos outros?

28. Você faz uso deliberado da autossugestão para garantir um estado de espírito positivo?

29. O que você valoriza mais – posses materiais ou o privilégio de controlar os seus pensamentos?

30. Você é facilmente influenciado pelos outros, contra o seu julgamento?

31. O dia de hoje acrescentou alguma coisa de valor ao seu estoque de conhecimento e ao seu estado de espírito?

32. Você enfrenta diretamente as circunstâncias que o fazem infeliz ou se esquiva da responsabilidade?

33. Você analisa todos os erros e fracassos e tenta tirar benefício deles, ou acha que isso não é dever seu?

34. Nomeie três das suas fraquezas que mais o prejudicam. O que você está fazendo para corrigi-las?

35. Você encoraja as outras pessoas a lhe trazer as preocupações delas por simpatia?

36. Você escolhe, das suas experiências diárias, lições ou influências que ajudam o seu desenvolvimento pessoal?

37. Sua presença tem influência negativa ou positiva nas outras pessoas?

38. Se você acredita em "diga-me com quem andas e te direi quem és", o que aprendeu sobre si mesmo ao estudar os amigos que você atrai?

39. Qual conexão, se houver, você enxerga entre as pessoas com quem você se associa e alguma infelicidade que talvez você experiencie?

40. Por quais regras você julga quem é útil e quem o prejudica?

41. Seus sócios mais próximos têm mente superior ou inferior à sua?

42. Quanto tempo, a cada 24 horas, você devota a:

sua ocupação

sono

diversão e relaxamento ______________________________

adquirir conhecimento útil ___________________________

TV, redes sociais __________________________________

43. Quem, entre os seus conhecidos:

mais o encoraja ___________________________________

mais o avisa do perigo ______________________________

mais o desencoraja _________________________________

mais o ajuda de outras maneiras ______________________

44. Qual é sua maior preocupação? Por que você tolera isso?

____

____

____

____

____

____

____

45. Quando os outros lhe oferecem conselho de graça, que não foi solicitado, você aceita sem questionar ou analisa os motivos deles?

46. O que, acima de tudo, você mais deseja?

47. Como pretende adquirir isso?

48. Você está disposto a subordinar todos os outros desejos a esse?

49. Quanto tempo por dia você dedica para alcançar esse objetivo?

50. Você está sempre mudando de ideia? Se sim, por quê?

51. Você costuma terminar tudo que começa?

52. Você fica impressionado facilmente com os negócios ou títulos profissionais, diplomas ou a riqueza das outras pessoas?

53. Você é facilmente influenciado pelo que as outras pessoas pensam ou dizem sobre você?

54. Você se dispõe às pessoas por causa do *status* social ou financeiro delas?

55. Quem você acha que é a pessoa mais incrível atualmente?

56. Em que sentido essa pessoa é superior a você?

57. Quanto tempo você dedicou a estudar e responder estas perguntas? Foi o suficiente? Você deveria rever algumas, a maioria ou todas as perguntas e respostas?

Capítulo 14

COMO SUPERAR OS SEIS FANTASMAS DO MEDO

Faça um inventário de si mesmo

Antes de poder colocar qualquer porção desta filosofia em uso e ter sucesso, a sua mente precisa estar pronta para recebê-la. A preparação não é difícil. Ela começa com estudo, análise e entendimento de três inimigos que você precisa *tirar da sua mente*: *a indecisão, a dúvida e o medo!*

Seu sexto sentido jamais funcionará enquanto esses três itens negativos, ou qualquer um deles, permanecerem na sua mente. Os membros desse trio profano relacionam-se de perto; onde se encontra um, os outros dois estão por perto.

A indecisão é a semente do medo! Lembre-se de que a indecisão se cristaliza na dúvida, os dois se misturam e se transformam no medo! Esse processo de "mistura" em geral é lento. Esse é um motivo pelo qual esses três inimigos são tão poderosos. Eles germinam e crescem sem que sua presença seja observada.

O propósito deste capítulo é voltar o holofote para a causa e a cura dos seis medos básicos. Antes que possamos dominar um inimigo, devemos saber seu nome, seus hábitos e o local que ele habita. Enquanto lê, analise-se com atenção e determine qual, se houver, dos seis medos comuns está grudado em você.

Não se deixe enganar pelos hábitos desses sutis inimigos. Às vezes, eles ficam escondidos na mente subconsciente, onde é mais difícil localizá-los, e ainda mais difícil eliminá-los.

Os seis medos básicos

Há seis medos básicos com que todo ser humano sofre de tempos em tempos. A maioria das pessoas tem sorte se não sofrer com todos os seis. Nomeados na ordem em que costumam aparecer mais comumente, eles são o medo de:

1. Pobreza
2. Crítica
3. Má saúde
4. Perda de um ente amado
5. Velhice
6. Morte

Todos os outros medos são de importância menor e podem ser agrupados sob esses seis maiores.

A prevalência desses medos, como uma maldição no mundo, corre em ciclos. Por quase seis anos, durante a Grande Depressão, muitos afundaram-se no ciclo do medo da pobreza. Durante as Guerras Mundiais, muitos viveram dentro do ciclo do medo da morte. Após as guerras, muitos viveram no ciclo do medo da má saúde, evidenciada pelas epidemias de doenças em todo o mundo.

O medo nada mais é do que um estado de espírito. Nosso estado de espírito pode ser controlado e direcionado. Já foi dito que os médicos estão menos sujeitos a serem atacados por doenças do que as outras pessoas, porque eles não têm medo das doenças. Sem medo ou hesitação, eles contatam centenas de pessoas diariamente, que estão sofrendo com doenças contagiosas, mas não acabam infectados. A imunidade deles contra as doenças consiste, em grande parte, se não somente, na ausência do medo.

Os humanos não podem criar nada que não tenham concebido, primeiro, na forma de um impulso de pensamento. Depois dessa afirmação vem outra, de importância maior ainda: *Nossos impulsos de pensamento começam imediatamente a traduzir-se para seu equivalente físico, sejam esses pensamentos voluntários, sejam involuntários.* Os impulsos de pensamento captados pelo éter, ao acaso (pensamentos que foram liberados por outras mentes), podem determinar nosso destino financeiro, empresarial, profissional ou social, tanto quanto os impulsos de pensamento que criamos por intenção e desígnio.

Aqui estamos estabelecendo o fundamento para apresentar um fato de grande importância à pessoa que não entende por que alguns parecem ter "sorte" enquanto outros, de igual ou maior habilidade, treinamento, experiência e capacidade cerebral, parecem destinados a viver ao lado do infortúnio. Esse fato pode ser explicado pela afirmação de que *todo ser humano tem a habilidade de controlar sua mente por completo; e, com esse controle, obviamente, toda pessoa pode abrir a mente para os impulsos de pensamento liberados por outros cérebros, ou fechar bem as portas e admitir somente impulsos de pensamento de sua preferência.*

A natureza nos concedeu controle absoluto sobre apenas uma coisa: o pensamento. Esse fato, unido ao fato adicional de que tudo que criamos começa sob a forma de um pensamento, leva-nos para bem perto do princípio pelo qual o medo pode ser dominado.

Se é verdade que *todo pensamento tem tendência a vestir-se em seu equivalente físico* (isso é verdade e está além de qualquer dúvida), é igualmente verdadeiro que os impulsos de pensamento do medo e da pobreza não podem ser traduzidos em termos de coragem e ganho financeiro.

Os seis medos básicos são traduzidos para um estado de preocupação por meio da indecisão. Use estas técnicas para superar os medos:

- Livre-se para sempre do medo da morte aceitando que a morte é um evento do qual ninguém escapa.
- Ataque o medo da pobreza com a decisão de aceitar qualquer riqueza que você puder juntar *sem preocupação.*
- Meta o pé no pescoço do medo da crítica decidindo não se preocupar com o que as outras pessoas pensam, fazem ou dizem.
- Elimine o medo da velhice decidindo aceitá-la não como uma deficiência, mas como uma grande bênção que carrega consigo sabedoria, autocontrole e entendimento que não havia na juventude.
- Livre-se do medo da má saúde decidindo esquecer-se dos sintomas.

- Domine o medo da perda de um ente querido decidindo viver bem sem amor, caso isso seja necessário.

Mate o hábito da preocupação, em todas as suas formas, chegando à decisão geral de que nada que a vida tem a oferecer vale o preço da preocupação. Com essa decisão vêm postura, paz de espírito e tranquilidade de pensamento que trarão a felicidade.

Uma pessoa cuja mente está cheia de medo não apenas destrói a própria chance de tomar uma atitude inteligente, como também transmite essas vibrações destrutivas para a mente de todos com quem ela entra em contato.

PONTOS IMPORTANTES

- Antes de poder colocar esta filosofia em uso e ter sucesso, você deve livrar sua mente de três inimigos: indecisão, dúvida e medo.
- A indecisão é a semente do medo. Ela se cristaliza na dúvida, e as duas se misturam e se transformam no medo.
- Há seis medos básicos: de pobreza, crítica, má saúde, perda de um ente querido, velhice e morte.
- Os medos nada mais são do que estados de espírito que podem ser alterados e eliminados.

TOME UMA ATITUDE

A seguir estão os 57 "famosos álibis do bom e velho 'se'". Conforme lê um por um, vá fazendo uma marca naqueles que você usou como álibi para não ser tão bem-sucedido ou feliz como poderia ser.

- ☐ **SE** eu não tivesse esposa e família…
- ☐ **SE** eu levasse um bom "empurrão"…
- ☐ **SE** eu tivesse dinheiro…
- ☐ **SE** eu tivesse boa instrução…
- ☐ **SE** eu conseguisse um emprego…
- ☐ **SE** eu tivesse boa saúde…
- ☐ **SE** eu tivesse tempo…
- ☐ **SE** os tempos fossem melhores…
- ☐ **SE** as outras pessoas me entendessem…
- ☐ **SE** as condições ao meu redor fossem diferentes…
- ☐ **SE** eu pudesse viver a vida toda de novo…
- ☐ **SE** eu não tivesse medo do que "eles" diriam…
- ☐ **SE** me fosse dada uma chance…
- ☐ **SE** eu tivesse uma chance…
- ☐ **SE** as pessoas não implicassem comigo…
- ☐ **SE** nada acontecer que me impeça…
- ☐ **SE** ao menos eu fosse mais jovem…
- ☐ **SE** eu pudesse fazer apenas o que quero…
- ☐ **SE** eu tivesse nascido rico…
- ☐ **SE** eu conhecesse as pessoas certas…
- ☐ **SE** eu tivesse o talento que algumas pessoas têm…
- ☐ **SE** eu ousasse me afirmar…

- ☐ **SE** eu tivesse abraçado oportunidades passadas...
- ☐ **SE** as pessoas não me dessem nos nervos...
- ☐ **SE** eu não tivesse que cuidar da casa e dos filhos...
- ☐ **SE** eu conseguisse economizar um pouco de dinheiro...
- ☐ **SE** o chefe gostasse de mim...
- ☐ **SE** ao menos eu tivesse alguém para me ajudar...
- ☐ **SE** a minha família me entendesse...
- ☐ **SE** eu morasse numa cidade grande...
- ☐ **SE** ao menos eu conseguisse começar...
- ☐ **SE** eu fosse livre...
- ☐ **SE** eu tivesse a personalidade de certas pessoas...
- ☐ **SE** eu não fosse tão gordo...
- ☐ **SE** soubessem dos meus talentos...
- ☐ **SE** eu conseguisse uma oportunidade...
- ☐ **SE** eu conseguisse me livrar das dívidas...
- ☐ **SE** eu não tivesse fracassado...
- ☐ **SE** ao menos eu soubesse como...
- ☐ **SE** eu não enfrentasse a oposição de todo mundo...
- ☐ **SE** eu não tivesse tantas preocupações...
- ☐ **SE** eu me casasse com a pessoa certa...
- ☐ **SE** as pessoas não fossem tão burras...
- ☐ **SE** a minha família não fosse tão extravagante...
- ☐ **SE** eu tivesse confiança em mim mesmo...
- ☐ **SE** a sorte não estivesse contra mim...
- ☐ **SE** eu não tivesse nascido sob a estrela errada...
- ☐ **SE** não fosse verdade que o que será, será...
- ☐ **SE** eu não tivesse que trabalhar tanto...
- ☐ **SE** eu não tivesse perdido o meu dinheiro...
- ☐ **SE** eu morasse numa vizinhança diferente...
- ☐ **SE** eu não tivesse um passado...

- ☐ **SE** ao menos eu tivesse um negócio próprio...
- ☐ **SE** as outras pessoas me ouvissem...
- ☐ **SE** – e essa é a maior desculpa de todas – **SE** eu tivesse coragem de me enxergar como realmente sou, descobriria o que há de errado comigo e corrigiria, e então poderia ter a chance de tirar benefício dos meus erros e aprender alguma coisa com a experiência dos outros, pois sei que há algo de errado comigo, ou então eu estaria, agora, onde estaria SE tivesse passado mais tempo analisando as minhas fraquezas e menos tempo criando álibis para encobri-las.

Criar álibis é um hábito profundamente enraizado. É difícil romper com os hábitos, principalmente quando eles fornecem justificativa para alguma coisa que fazemos. Platão tinha esse fato em mente quando disse: "A primeira e a melhor vitória é conquistar a si mesmo. Ser conquistado por si mesmo é, de todas as coisas, a mais vergonhosa e vil".

CONCLUSÃO

O autor descobriu, analisando pessoalmente centenas de pessoas bem-sucedidas, que todas elas seguiam o hábito de trocar ideias. Quando tinham problemas a serem solucionados, elas se sentavam juntas e conversavam livremente até descobrir, pela contribuição de ideias, um plano que serviria a esse propósito.

Você vai tirar o maior proveito do que aprendeu com este livro colocando em prática o princípio do MasterMind. Isso você pode fazer (como outras pessoas estão fazendo, com tanto sucesso) formando um grupo de estudos que consiste em qualquer número de pessoas que você desejar, que sejam amigáveis e harmoniosas. O grupo deve encontrar-se regularmente, talvez uma vez por semana, e deve consistir em ler um capítulo de *Quem pensa enriquece* a cada reunião e discutir o conteúdo livremente com todos os membros. Cada pessoa deve tomar notas e escrever ideias que venham à mente inspiradas pela discussão.

Antes de cada reunião, os membros devem ler com atenção e completar o capítulo correspondente deste livro de atividades. Todos os membros do grupo devem decidir se todos partilharão as respostas do livro ou limitarão a discussão ao livro.

Seguindo esse plano, você vai tirar benefício não somente da soma total do melhor conhecimento organizado a partir das experiências de centenas de homens de sucesso, mas também, mais importante até agora, entrará em contato com novas fontes de conhecimento na sua mente, assim como vai adquirir conhecimento de valor inestimável com os outros presentes.

A riqueza nem sempre pode ser medida em dinheiro!

Lembre-se de que a riqueza nem sempre pode ser medida em dinheiro! Dinheiro e coisas materiais são essenciais para a liberdade do corpo e da mente, mas há aqueles que vão achar que a maior das riquezas só pode ser avaliada em termos de amizades duradouras, relacionamentos familiares harmoniosos, simpatia, e que só pode ser medida em valores espirituais!

Não obstante, se entender e aplicar os treze passos e adotar esta filosofia, você estará mais bem preparado para atrair e apreciar estados mais elevados que sempre foram e sempre serão negados a todos, exceto àqueles que estão prontos para eles.

Esteja preparado, portanto, quando se expuser à influência desta filosofia, para vivenciar uma vida transformada que pode não somente ajudá-lo a negociar seu caminho ao longo da vida com harmonia e compreensão, mas também prepará-lo para juntar riqueza material em abundância!

CITADEL
Grupo Editorial
Livros para mudar o mundo. O seu mundo.

Para conhecer os nossos próximos lançamentos
e títulos disponíveis, acesse:

www.**citadel**.com.br

/citadeleditora

@citadeleditora

@citadeleditora

Citadel – Grupo Editorial

Para mais informações ou dúvidas sobre a obra,
entre em contato conosco por e-mail:

contato@**citadel**.com.br